国家智库报告 2016（6）
National Think Tank
国际问题研究

日本经济结构转型：
经验、教训与启示

张季风 著

TRANSFORMATION OF JAPAN'S ECONOMIC STRUCTURE:
EXPERIENCE, LESSONS AND ENLIGHTENMENT

中国社会科学出版社

图书在版编目(CIP)数据

日本经济结构转型：经验、教训与启示/张季风著．—北京：中国社会科学出版社，2016.2（2018.4重印）

（国家智库报告）

ISBN 978－7－5161－7652－8

Ⅰ．①日… Ⅱ．①张… Ⅲ．①经济结构—转型经济—研究—日本—现代 Ⅳ．①F131.31

中国版本图书馆 CIP 数据核字（2016）第 030912 号

出 版 人	赵剑英
责任编辑	王 茵
特约编辑	王 称
责任校对	季 静
责任印制	李寡寡

出　　版	中国社会科学出版社
社　　址	北京鼓楼西大街甲 158 号
邮　　编	100720
网　　址	http://www.csspw.cn
发 行 部	010－84083685
门 市 部	010－84029450
经　　销	新华书店及其他书店

印刷装订	北京君升印刷有限公司
版　　次	2016 年 2 月第 1 版
印　　次	2018 年 4 月第 2 次印刷

开　　本	787×1092　1/16
印　　张	7.75
插　　页	2
字　　数	65 千字
定　　价	29.00 元

凡购买中国社会科学出版社图书，如有质量问题请与本社营销中心联系调换
电话：010－84083683
版权所有　侵权必究

摘要： 我国经济已进入从高速增长转入中高速增长的新常态，目前的经济现状与日本高速增长结束时的20世纪70年代初状况十分相似。彼时日本公害环境污染严重、外需减少、产能过剩，倒逼了改革和经济结构转型。在70年代的经济转型期，日本成功实现了公害治理、节能减排和产业结构升级换代，实现了经济结构的成功转型。到80年代中期，日本不仅在数量上也在质量上完成了追赶欧美的任务。目前，中国经济正处于经济模式转型和供给侧改革的重要阶段，彼时日本推动经济转型的经验颇值得借鉴。

关键词： 日本经济结构转型　产能过剩　公害治理　石油危机　政策补贴

Abstract: China's economy has entered the new normal from rapid growth to medium-high growth, the current economic situation is very similar to Japan's ending of rapid growth in the early 70's of last century. At that time in Japan, innovation and economic transformation was forced by serious environment pollution, reduction of overseas market demand and excess production capacity. In the period of economic transformation in the 1970's, Japan successfully achieved to deal with the public pollution, energy-saving & emission-reduction, upgrade industrial structure, and achieved the successful transformation of economic structure. By the middle of the 1980's, Japan completed the task of catching up with Europe and the United States not only in quantity but also in quality. At present, China's economy is in an important stage of economic model transformation and supply side reform. Japan's experience in promoting economic transformation is worth learning.

Key words: Transformation of Japan's economic structure, Excess production capacity, Pollution control, Oil crisis, Policy subsidies

目 录

第一章 中国经济现状与日本 20 世纪 70 年代十分相似 …………（1）
 一 发展阶段与主要宏观经济指标比较相似 ……（2）
 二 增长模式很相近 …………………………………（5）
 三 面临的国际环境相似 ……………………………（7）

第二章 日本 20 世纪 70 年代经济结构转型的背景分析 …………………………………………………（9）
 一 压力反应机制以及市场传导 ……………………（9）
 二 产能过剩与结构失衡的压力 …………………（17）
 三 科技创新压力以及由此导致的产业升级困境和难点 ……………………………………（22）

四　转型期的环境污染与公害泛滥问题………………（25）

　　五　转型期的社会形势以及社会保障情况……………（26）

　　六　国际社会的外部压力：对汇率、出口
　　　　数量设限等…………………………………………（29）

第三章　日本经济结构转型的主要举措……………（34）

　　一　政府的作用与作为…………………………………（35）

　　二　彻底推行产业结构调整……………………………（40）

　　三　开发节能技术和新能源，推行石油替代
　　　　战略…………………………………………………（45）

　　四　治理公害、保护环境、妥善处理环保
　　　　群体事件……………………………………………（50）

　　五　企业"瘦身"，消解产能过剩………………………（65）

　　六　企业积极推行技术创新……………………………（70）

　　七　加强海外直接投资，淘汰夕阳产业，
　　　　减少贸易摩擦………………………………………（80）

　　八　合理有效的补贴制度………………………………（82）

第四章　日本经济结构转型的成果与教训…………（95）

　　一　经济结构转型带来的成果…………………………（95）

二 值得反思的沉痛教训 …………………………（99）

第五章　对我国的启示与建议 ………………………（109）
一 在产业结构调整时应兼顾产业体系的
　　完整和就业稳定 ……………………………（109）
二 在化解产能过剩的同时强化创新能力 ……（110）
三 治理公害、节能环保并举 …………………（111）

第一章 中国经济现状与日本20世纪70年代十分相似

中国与现在的日本所处的经济发展阶段完全不同，日本早已进入后工业化时代，是一个富裕的成熟发达国家；而中国还处于工业化的初、中级阶段，还是一个发展中国家。尽管两国也面临着一些共同的问题，如环境问题、人口老龄化问题，等等，日本现在的一些经验和教训也非常值得关注，但毕竟发展的相异点远远多于共同点。所以，在日本经济发展过程中选择一个与中国现在状况比较相近的时期进行比较或许更有意义。

在对两个国家的经济发展阶段进行比较时，很难找出完全相同的时代。因为每个国家都有自身不同的国情，而且所处的时代特征也不一样。比如说，很难讲现在的中国绝对地相当于日本的哪个时代，比如说我国现在既有20世纪80年代日本经济的一些特点，也有70年代日本经济的特征。我国在IT产业、手机等领域与现在的日本是同步的，而在航天领域甚至还高于日本。但从经济发展阶段、国际经济地位、经济结构、产业结构、面临的国际经济环境等综合特征来看，与日本 20 世纪 70 年代初期的状况更为接近。

一 发展阶段与主要宏观经济指标比较相似

从经济发展进程来看，日本从 1955 年到 1973 年保持了 18 年之久的长期高速增长，此后除 1974 年陷入负增长外，平均增长率转为 5% 左右的中速增长（见图 1），跨入了成熟阶段的门槛；而中国经济的高速增长持续了近 30 年，2014 年转为 7.4% 的中高速增长，也正在向成熟经济的门槛迈进。

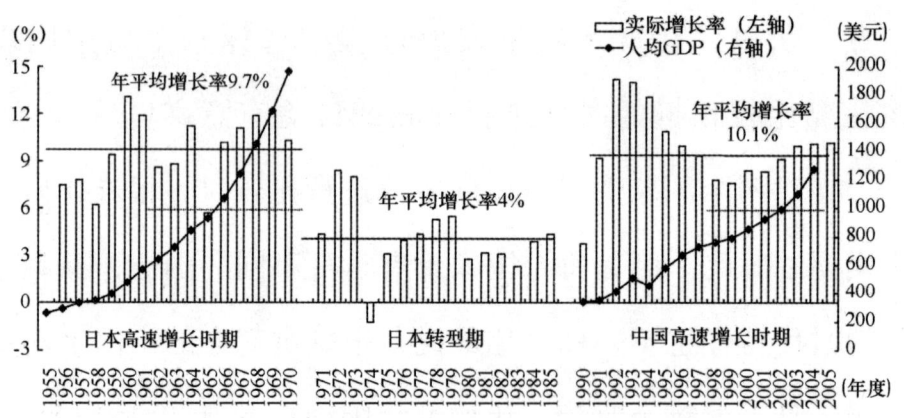

图 1 中日高速增长期与转型期经济增长速度比较

资料来源：内阁府『国民所得統計 長期時系列（68SNA、平成 2 年基準）』，《中国统计年鉴》。

从经济规模在世界的位次来看，1968 年日本从数量上完成了追赶欧美的任务，成为世界第二大经济强国，1973年是日本成为世界经济第二的第5年。而中国也在2010年成为世界第二大经济体；2014年是成为世界经济第二的第4年。

从人均GDP来看，1973年日本大约是4000美元左右（见图2），而相应的2014年我国为7485美元。但考虑到物价因素，当时日本经济应高于中国现在的水平。

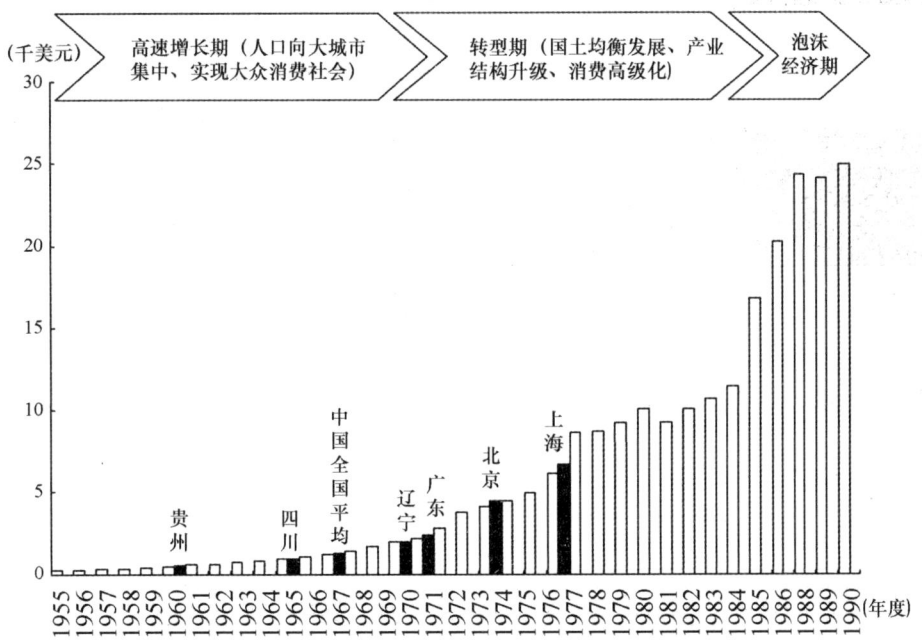

图2 日本不同时期人均GDP的变化

注：中国的数据为2005年数据。

资料来源：内閣府『国民所得統計 長期時系列（68SNA、平成2年基準）』，《中国统计年鉴》。

其他一些标志性的指标也很相似,例如1973年是日本东京奥运会后的第9年,大阪世博会后的第3年,是第一条新干线建成通车10周年。而2015年是北京奥运会后的第7年,上海世博会后的第5年,中国第一条高铁秦沈专线开通11周年(综合比较指标参见表1)。

表1　中国现在与日本20世纪七八十年代的状况比较

	中国现阶段(2014)	日本70年代	日本80年代中期
发展阶段	工业化初中期(世界工厂)	工业化后期(世界工厂)	后工业化时期(高技术、研发中心)
GDP位次	第2位	第2位	第2位
人均GDP	7485美元	约4000美元	超过20000美元
经济增长速度	高速增长转为中高速增长7.4%	高速增长转为中速增长5%	4%(现在1%—2%)
增长模式	粗放转向集约	粗放向集约过渡	集约(日本式经营顶点)
城市化率	54.8%(城市户籍36%)	72%	75%
城乡差距	非常大	较小	几乎不存在
国内市场	潜力巨大	成熟但尚有空间	饱和
环境、公害状况	雾霾等环境污染严重	四大公害诉讼	公害治理完毕
能源状况	紧张	短缺	供需基本平衡
产业结构比例(一二三产业)	9.2:42.7:48.1(2014年)	5:43:52(1974年)	3:37:60(1985年)
就业结构(一二三产业)	29.5:29.9:40.6(2014年)	18:35:47(1974年)	4.2:26.8:67.7(1985年)

续表

	中国现阶段（2014）	日本70年代	日本80年代中期
货币属性	局部可兑换，准区域货币	可兑换，区域货币	可兑换，区域货币
产业实力	初中级水平	中高级水平	世界领先水平
企业实力	顶级企业很少	顶级较多	顶级企业群（丰田、新日铁、东芝、松下等）
品牌	顶级品牌极少	很多	与欧美无差距
核心技术	很少	很多	与欧美无差距
产品竞争力	低端、中端优势	中高端优势	高端优势
产品国际销售	借船出海	形成网络	全球网络形成
大规模国土开发	正在进行	开发后期	基本完成，现处于再造阶段
社会基础设施	初具规模，但西部还很落后	基础设施改善	高速交通体系建成、现更新
政府公共管理	效率较低	效率很高	效率很高，存在问题，正在改革
医疗、教育等公共服务	城乡差距极大	城乡差距小	城乡均等化

资料来源：作者根据相关资料制作。

二 增长模式很相近

当时日本的增长模式比较粗放，高能耗、高污染问题突出。高速增长后期严重的公害、环境破坏状况与我国的现状更是惊人相似。从经济结构上看，当时日本的制造业优势明显，特别是重化工业比重非常高（见图3），大量生产、大量消费的特征明显，更多的是追求数量

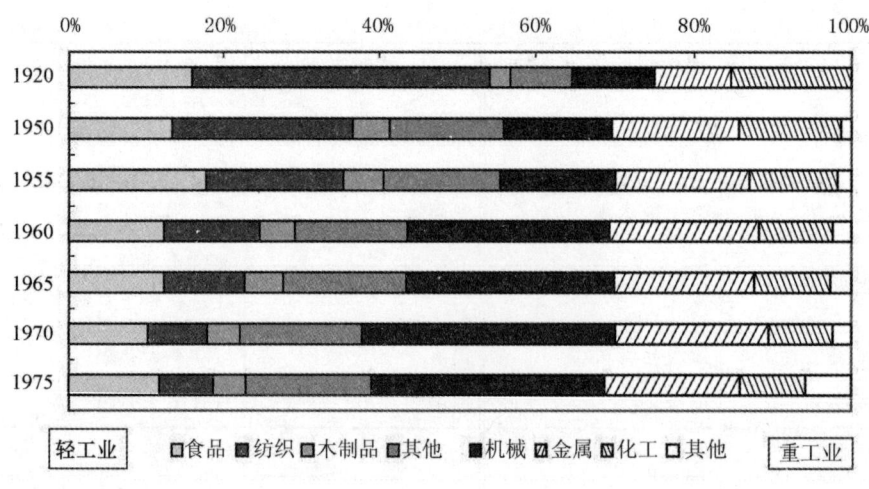

图3 日本工业结构的变化

资料来源：経済企画庁『経済白書』、昭和53年度版。

生产，成为公认的"世界工厂"，但高精尖产品领域尚不如美国和欧洲；而现在的中国也是第二产业明显偏高，高能耗、高污染产业突出，也已成为"世界工厂"，但在高端、高技术含量和高附加值产品方面并没有优势。从经济增长动力来看，当时日本的增长主要依靠设备投资和出口牵引。企业设备投资增长率在1973年和1974年曾高达20%；外贸出口增长率，1971年为19.8%，1975年仍为17%。这一点和我国前一阶段的状况也比较类似。

三 面临的国际环境相似

1973年第一次石油危机爆发后，发达国家均遭受不同程度的打击，纷纷进入"生产停滞和物价高涨"的所谓"滞涨"时期。发达国家的年均经济增长率从1965—1973年期间的4.7%，下降为1973—1983年的2.4%，[①] 市场极度萎缩；日本的外需大幅度缩小。

我国现在的情况也是如此。全球金融危机之后，发达国家尚未从国际金融危机中完全恢复，而欧洲主权债务危机又接踵而来，世界经济还在恢复之中，下行压力不减，不仅发达国家的增长率很低（2.0%），而且整个世界经济增长率也就只有3.1%左右，我国同样面临着外需不足的挑战。

另外，当时日本由于对外需依赖过重，加之出口对象国主要集中在美国，对美贸易顺差不断扩大，如图4所示，20世纪90年代之前美国的贸易逆差基本来自于日本。当时日本外储剧增（从1970年的44亿美元，剧增到1971年的152亿美元，1972年又升至183亿美

[①] 世界银行：《1985年世界发展报告》，第177页。

元），结果遭致美国打压，逼迫日元升值；而我国现在的情况几乎与当时日本同出一辙，十分相似。第一次石油危机发生后油价上涨4倍，对世界最大石油进口国的日本造成严重冲击；而我国也已成为世界最大的石油进口国之一，同样面临能源安全的挑战。

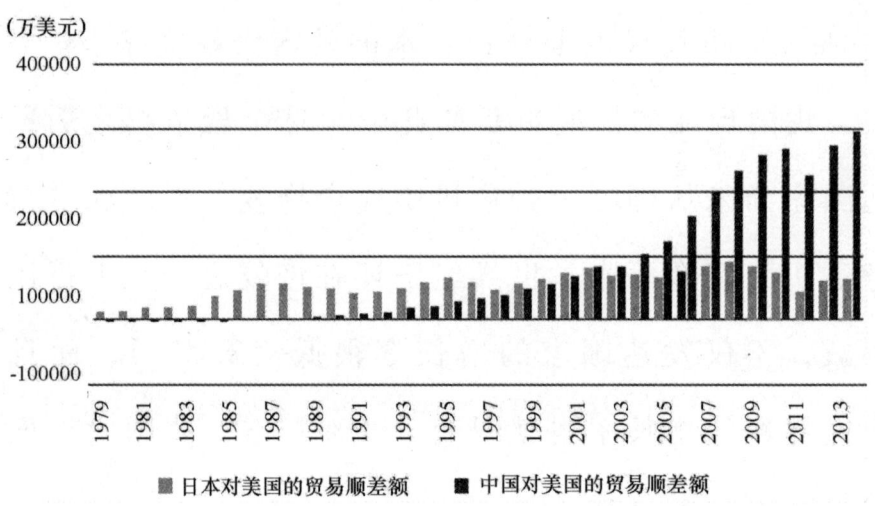

图4　日本与中国对美贸易顺差

资料来源：根据《国际贸易统计年鉴》数据整理。

当时日本面临的主要挑战就是克服石油危机带来的能源、资源不足、公害严重，同时还要处理好与同盟国美国之间的贸易摩擦问题。当然在这种外压的背景下也倒逼日本必须进行经济结构的转型。

第二章 日本20世纪70年代经济结构转型的背景分析

一 压力反应机制以及市场传导

(一) 日本受"内压"与"外压"的历史回顾

日本是一个岛国,极容易遭到自然灾害和外来势力的侵袭,因此自古以来危机意识就十分强烈,如果把这种危机感强视为"内压"的话,日本民族当是世界上内压感最强的民族。为了抵御可能发生的自然灾害和外来侵略,日本国民形成了强烈的集团主义精神,因为只有抱团才能取胜、才能克服各种困难。与此同时,对"外压"十分敏感,一旦出现"外压",政府、企业及民众就会空前团结,共度时艰。

下面举出几个日本历史上在面临"外压"时如何"解套"的典型事例。

1. 明治维新

日本之所以发生明治维新,在一定意义上讲也是"内压"与"外压"作用的结果。1853年美国海军将领佩里率领的"黑船"炮舰来到日本横滨港口,逼迫日本开港，与日本签订了不平等条约，随后沙俄、英国、法国、德国等列强也纷纷效仿，与日本签订了一系列不平等条约。在日本即将沦为殖民地的危急时刻，面对压力，维新志士开始了改变日本历史的明治维新，选择了"文明开化、殖产兴业、富国强兵"的路线，对外开放，引进技术和人才，创建和振兴国内产业，国家强大了，最后凭借实力顺利修改了不平等条约，日本自身也成为列强之一。"外压"之下发生的明治维新改革使日本实现了从封建经济向近代经济的转型。

2. "迫退辽东"与日俄战争

1894年日本发动甲午战争，最后的结果是清政府战败，被迫签订《马关条约》，割地赔款，其中辽东半岛及其附属岛屿和台湾岛及附属岛屿等一样也在被割让之列。但是，英、美不希望日本在华过分发展；而俄国在远东的利益受到直接的影响，也绝不容忍日本占领朝鲜和辽东半岛，遂在德、法支持下采取干涉政策。最后日本不得不交还辽东半岛，史称"迫退辽东"。正是在这种奇耻大辱的"外压"之下，日本在此后十年"卧薪尝胆"，终于在1904年的日俄战争中战胜了俄国，报了

"一箭之仇"。日俄战争以后，日本扩大了在华势力范围，为此后吞并朝鲜和霸占中国东北打下了基础。

3. 战后改革

第二次世界大战后初期，日本几乎成为一片废墟，美国对日本实行了单独占领。在复兴经济"内压"和美国的"外压"共同作用下，日本在第二次世界大战后初期实行了民主改革，在政治上主要是制定了和平宪法，而在经济方面主要是实行了"农地改革""解散财阀"和"劳动改革"三大改革。日本无论是政治改革还是经济改革都是近乎革命性的改革，如果没有美国的"外压"，几乎是不可能实现的。战后初期的民主改革为此后日本经济的健康发展奠定了制度基础，具有重要的历史意义，使日本完成了从战时统治经济向政府主导的市场经济的转型。

(二) 70 年代日本经济转型期的压力反应机制

70 年代初期，特别是第一次石油危机以后，日本陷入内外交困的境地。从外部的"压力"来看：第一，由于石油危机的冲击，世界经济下滑，整个西方发达国家都陷入史上从未有过的"滞胀"之中，国际市场萎缩，这意味着依靠贸易立国的日本的出口市场在缩小，外需急剧减少。第二，1971年8月，时任美国总统尼克松，突然宣布美元对黄金不挂钩，要求包括日本在内的西方各国货币升值，导致第二次世界大战初期形成的布雷顿森林体系崩溃。日本将其称为"尼克松冲击"。同年12月发达国家10国财长举行了史密森会谈，尽管议题包括货币调整的方法、幅度以及改善美国国际收支政策等许多内容，但核心却是迫使日元升值。此后，日本由1949年以来一直实行的（1美元＝360日元）固定汇率被迫转为浮动汇率。1971年日元兑美元汇率升值至1美元兑308日元，其升值幅度高达14.4%。第三，由于对美贸易顺差过大，日美贸易摩擦升级，美国逼迫日本进行自我约束，实行自愿出口限制。

从国内的"压力"来看，长达十几年的高速增长虽然给日本带来了巨大利益，改变了日本的面貌，但也留下了很多后遗症。第一，公害严重，以妇女为中心的反公害运动风起云涌，构成严峻的社会问题。第二，第一次石油危机，不仅导致外部市场萎缩，而且意味着日本资源和能源无限供给的时代已经结束，日本的能源、资源陷入短缺状态。资源、能源涨价意味着企业生产成本的上升。另外，国际油价上涨还给日本带来了输入性通货膨胀，国内物价飞涨，1974年CPI高达24.5%。第三，产能过剩，由于在高速增长时期，企业大规模进行设备投资，造成大量设备过剩，而且由于石油危机的冲击，经济高速增长戛然而止。世界经济下滑，国际市场萎缩，导致日本生产下降，产能过剩问题愈加突出。第四，高速增长时期，在全球工业化、技术革命的大背景下，为适应大众消费大量需求的形势，日本的重化学工业得到飞速发展，结果使日本产业结构重化学工业比重过大，偏重于钢铁、有色金属、火力发电、石化、造船、水泥、精炼铝等高能耗、高污染产业，是典型的"重厚长大"型结构。这种结构在能源资源廉价、民众大量消费的时代尚可维持其竞争力，而在石油涨价、民众消费需求趋于多样化的时代，这种结构反而成为一种历史包袱和阻碍经济发展的"羁绊"。

上述国际国内的压力相互作用，倒逼日本进行经济结构转型。各方压力通过如下几个路径将市场机制传导给企业和政府。

（1）美国逼迫日元升值，导致企业特别是出口企业经营困难，出口减少，生产减少；政府通过救助中小企业和制定"稳定特定萧条产业临时措施法"，将平炉炼钢、轧钢、硅铁制造业、制铝业、瓦楞纸板纸浆制造业、氨制造业、尿素制造业、高度合成化肥、聚氯乙烯、纺织业、合成纤维等行业确定为特定萧条产业进行援助和调整，提高了其国际竞争力。

（2）日本对美出口扩大，导致日美贸易摩擦加剧。日本政府积极与美国协调、谈判，按照美国要求，劝导日本企业实行自愿出口限制，与此同时鼓励企业"走出去"进行海外直接投资、在当地设厂生产以规避日元升值风险和缓解对美贸易摩擦。

（3）第一次石油危机爆发后，油价上涨，企业生产成本上升，政府倡导节能和替代石油战略。主导节能技术开发（"月光计划"）和新能源开发（"阳光计划"），鼓励企业开展节能运动，给耗能大户产业提出节能指标及其实现时间表。企业在石油涨价、生产成本上升的压力下，自觉响应政府号召开展节能活动、开发节能产品、降低能耗、提高能源利用效率。政府鼓励发展核电和新能源以替代石油，企业也积极响应，开发新能源以及新能源产品，如太阳能发电、风力发电、潮汐发电、节能汽车等，结果提高了产品质量，也提高了企业的国际竞争能力。

（4）高速增长时期遗留下来的"重厚长大"型产业结构，高能耗、高污染，已经不符合时代潮流，造成了耗能和污染的源头，也成为阻碍日本经济发展的包袱。政府根据世界潮流和国内外需求形势变化，公布《70年代产业结构设想》，提出了产业结构升级的目标。企业也积极淘汰落后产业，并将其转到东南亚，不仅继续延伸产品寿命周期，而且也开拓了海外市场。与此同时，积极发展以汽车和家电、电子产品为代表的组装工业，既完成了"重厚长大"向"轻薄短小"结构的转型，也减少了能耗和污染，还进一步增加了附加价值；不仅实现了产业结构升级的目标，还扩大了就业机会，可谓"一箭多雕"。

（5）产能过剩，拖累企业难以前行，国民经济也难以健康发展。企业变压力为动力，积极进行"减量经营"，偿还债务以减少利息负担；控制招工以减轻人工成本的上升；减少设备投资以消化过剩产能。而日本央行则通过不断降息、政府通过特别折旧优惠制度等进行支持。企业还清了债务，自有资本率上升；减少了冗员，降低了人工成本；淘汰了大量过剩设备，缩小了产能。但同时又在创新和节能方面增加了投入，购置了世界最先进的设备，如污水处理设备、脱硫设备。日本企业在西方经济一片"滞胀"萧条的严峻环境中，轻装上阵，为日本经济成功克服石油危机的冲击开辟了道路。

（6）以妇女为中心的反公害市民运动，引发了一系列社会问题，"四大公害诉讼"将市民环保运动推向了高潮。在市民运动的推动下，政府下大决心治理公害，颁布严格的法律、法规，设立"公害防止事业团"（基金机构）直接实施治理污染的项目，同时也资助企业治理公害。而企业也迫于政府和市民运动的压力不得不进行环境治理，积极引进排污装置，当然企业也并不是完全被动地治理污染和节能减排，而是认识到从长远的角度看，治理公害、减少排污、开发环境友好型产品对企业有利。履行企业的社会责任，有利于提高企业的形象，有利于企业的长远利益。例如，日本汽车行业生产的轻型汽车既节省燃料又较少产生污染，成为国际上有竞争力的产品。从此,日本踏上了世界"汽车王国"之路,1979 年日本汽车产量超过了美国。

实际上,政府和企业共同推动的旨在淘汰高能耗、高污染产业的产业结构调整和节能技术开发、新能源技术开发更是从源头上解决环境污染和公害问题。经过市民、企业和政府的共同努力,只用了十年左右的时间,日本成功地解决了公害和环境污染问题,在 20 世纪 80 年代初得到联合国的认可,成为世界上生态环境和生活环境最好的国家之一。

以上不难看出,20 世纪 70 年代日本经济结构转型期面临的各种压力都集中在一起,传导机制也纵横交错,相互影响、相互作用。各种压力的化解实际上是同步进行的、协调作战,并非顾此失彼,民众、企业和政府同舟共济,共度时艰,最后才取得了成功。

二 产能过剩与结构失衡的压力

(一)产能过剩

1973 年第一次石油危机爆发,日本经济从高速增长转为中速增长,国内需求不足,加之世界经济减速、外需疲软,导致生产停滞,出现了比较严重的产能过剩。关于这一点,最清晰地体现在制造业开工率的变化趋势上,1965—1973 年制造业平均开工率为 90%,其中 1969 年高达 97%,而 1974—1982 年制造业平均开工率为 73.9%,其中 1975 年只有 67.1%(参见表 2)。

表 2　　　　　　　　日本经济转型期制造业开工率　　　　　　（单位:%）

1974 年	1975 年	1976 年	1977 年	1978 年	1979 年	1980 年	1981 年	1982 年
77.3	67.1	71.4	71.6	73.8	78.2	78.2	74.7	72.6

资料来源:日本经济企画厅『経済白書』、1986 年版。

(二)有效需求严重不足

第一次石油危机爆发,发达国家经济受到严重冲击,陷入痛苦的"滞涨"之中,世界经济也严重下滑,导致日本外需减少;而石油价格暴涨了 4 倍,导致国内生产成本上升,再加上输入性通货膨胀导致国内经济秩序混乱、市场疲软。最终消费支出增速明显下降,1965—1973 年最终消费支出年平均增长率为 8.23%,其中有 5 年保持 9.4% 以上的增长,但在 1974 年以后,却明显下降,1974—1982 年年均增长率仅为 2.9%,1974 年仅为

1.5%（参见表3）。由于石油价格上涨、生产成本上升、利润收窄，企业陷入经营困难，生产大幅度下降。最后导致产需双双下跌。

表3　　　　　日本经济转型期最终消费支出增长率　　　　（单位：%）

1974年	1975年	1976年	1977年	1978年	1979年	1980年	1981年	1982年
1.5	3.5	3.4	4.1	5.9	5.4	0.7	2.1	4.5

资料来源：日本经济企画厅『経済白書』、1989年版。

(三) 产业结构偏重化工业

战后，日本经济进入高速增长期以后，进行了多次主导产业的选择。第一主导产业是火力发电；第二主导产业是石油加工工业、石油化工工业、钢铁工业和造船业；第三主导产业是汽车产业和家电产业。[①]

1955年日本完成了战后经济复兴任务，进入高速增长阶段，但马上碰到了新的三大障碍，即电力不足、铁路运力不足和粗钢供应不足。当然最突出的障碍是电力不足，若按照过去的"水主火从"的方式，无论如何也

[①]　佐贯利雄：《日本经济结构分析》（中译本），辽宁人民出版社1987年版。

无法应付巨大的电力缺口。但恰在此时发生了石油替代煤炭的能源革命，日本迅速行动，用廉价的石油替代煤炭，采取了"火主水从"的发展模式，大力发展火电站，特别是着力发展50万千瓦以上大容量的火电站。

电力供应结构从"水主火从"向"火主水从"的转换，以及火力发电机的大容量化，带动了石油加工设备的扩大。石油加工设备的扩大，又造成了石油制品成本下降，进而燃料成本也随之递减，使发电成本也进一步下降。不仅如此，石油制品成本的缩小和规模的扩大，还对日本的石油化学工业的成长和发展做出了贡献。火力发电站的大型化，不仅一次又一次地扩大了新的建设投资，而且石油加工和石化产品成本的下降，也开拓了新的市场，吸引着新的建设投资，并同时也引起了对运输工具即船舶的大量需求。而造船业的发展对钢铁产生了大量的需求，反过来，钢铁产业的发展也对运输铁矿石、煤炭等原材料的船舶产生需求。

由此可见，火力发电作为第一主导产业促进了日本经济的发展，同时也促进了其自身发展。不仅如此，还促进了作为第二主导产业的石油加工、石油化工和钢铁产业的发展。原材料基础产业的发展，扩大了对船舶的需求，从而带动了日本造船业和海运业的发展，如此相互影响，乘数效果更大，带动了整个国民经济的高速增长。也为第三大主导产业即汽车产业和家电产业的发展奠定了基础。

但是，无论第一主导产业的火力发电还是第二主导产业的石油加工、石油化工、钢铁还是造船工业都具有其共同特点，那就是容易实现大规模生产，但也存着致命的弊病：高能耗和高污染。而且发展上述重化工业的一个重要前提是石油的廉价供给。但由于1973年第一次石油危机的爆发，石油价格上涨了4倍，这就逼迫日本不得不进行产业结构调整。

（四）产品结构中钢铁比重偏高

战后日本非常重视产品结构的升级，产品结构逐渐从轻纺产品向重化工产品、钢铁产品过渡，但在20世纪70年代钢铁产品比重迅速上升，到1975年达到高峰，而汽车产品、电子产品在70年代初明显比重偏低。这可以从日本的出口产品结构得到证明（见图5）。这种结构在大量生产、大量消费的时代尚可维持其竞争力，但进入人们更加追求质量、寻求多样化的时代则不合时宜。

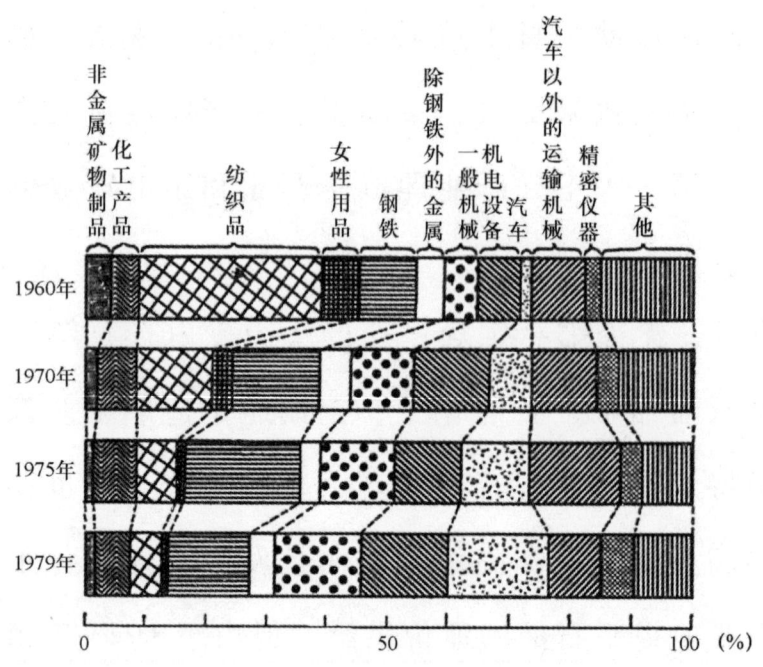

图 5 日本商品出口结构的变化

资料来源：厚生劳働省『労働白书』、1981 年版。

三 科技创新压力以及由此导致的产业升级困境和难点

到 20 世纪 70 年代初期，日本的追赶期已经结束，"后发展效应"消失。通过引进欧美先进技术来提高生产率水平的空间变小。与模仿技术相比，开发新技术所需成本要高得多，可能还要伴随失败的风险。因此，全要素生产率对经济增长的贡献度大幅度下降。如表 4 所示，全要素生产率对经济增长的贡献度从 1956—1968 年的年均 5.6% 降至 70 年代以后的年均 2.1%，比资本、劳动因素下降得更加明显。其原因有以下几点：

（1）由规模经济带来的景气循环已经停止。因为资本要素与劳动要素贡献度的下降和停滞，导致规模经济性下降。由于投资效益远没有过去那样高，所以投资自然逐渐下降，规模经济性也会随之下降。这形成了与高速增长时期相反的不良循环。

（2）农村劳动力转移停止。在高速增长时期，出现了劳动力从生产率较低的农业部门向生产率高的制造业大流动的过程，第一产业的劳动力迅速减少，而第二产业劳动力迅速上升。这种流动起到了提高经济整体全要素生产率上升的作用。但是，在 1970 年前后，区域间的人口流动基本趋于平稳，反而出现了第二产业劳动力减少的情况，大批劳动力从制造业流向劳动生产率较低的第三产业。不仅如此，第三产业的产值比重也趋于上升，这也成为经济增长趋缓的原因之一。

（3）国际经济环境的变化。欧美各国也受到两次石油危机的冲击，世界经济增长总体趋缓。包括日本在内的主要工业国在有限的世界市场中进行激烈的竞争。尽管与过去相比，日本的经济增长率有所下降，但相对来说日本经济活力仍然较强，特别是制造业充满活力，出口大增，频繁发生贸易摩擦。在欧美各国的打压下，日本企业的市场受到限制，而且政府也难以出台只对日本出口有利的促进提高全要素生产率的政策和措施。

表4　　　　　经济增长的因素分析（1970—1989年）　　　　（单位:%）

年份	实际增长率	资本的贡献度	劳动贡献度	全要素生产率
1970	10.8	6.7	0.2	3.9
1971	4.4	6.4	-0.3	-1.7
1972	8.5	6.0	-0.1	2.7
1973	7.9	5.6	0.7	1.6
1974	-1.4	3.3	-2.6	-2.2
1975	2.7	1.8	-1.5	2.4
1976	4.8	2.9	1.6	0.3
1977	5.3	2.2	1.0	2.1
1978	5.2	2.5	1.1	1.6
1979	5.3	2.8	1.1	1.5
1980	4.3	2.3	0.5	1.5
1981	3.7	1.7	0.3	1.7
1982	3.1	1.7	0.5	0.9
1983	3.2	1.7	1.1	0.5
1984	5.1	1.9	1.0	2.3
1985	4.9	1.6	0	3.3
1986	2.5	1.2	0.3	1.0
1987	4.6	1.7	0.9	2.1
1988	5.8	2.5	1.2	2.1
1989	4.9	2.5	0.5	1.9
1955—1968	10.0	3.0	1.4	5.6

资料来源：舘龍一郎『日本の経済』、東京大学出版会、1991年、第6頁。

但是，日本在转型期巧妙地将挑战变成契机，在很大程度上是以技术创新为动力来进行经济结构转型的。日本在20世纪70年代后期和80年代，在汽车、家电、机床等领域开发了许多世界领先的技术，提高了生产率，但其间开发费用远远高于高速增长时期。

四 转型期的环境污染与公害泛滥问题

长达十几年的高速增长彻底改变了日本的社会面貌和国际地位。1969年国民生产总值超过德国，成为仅次于美国的第二位世界经济大国。但是，长期高速增长也带来了各种问题，其中最大的后遗症之一就是：严重的环境污染和公害泛滥问题。进入高速增长期以来，偏重重化学工业发展的经济增长方式，对环境造成比以往任何时代都严重的破坏。原有工业基地，即以东京、名古屋、大阪、广岛和福冈为中心的太平洋沿岸工业地带一直是产业公害和城市公害的重灾区。

日本的环境污染和公害问题日益严重，最终导致世界闻名的"四大公害"事件的出现。据1972年日本《环境白皮书》统计，大气污染的主要指标硫化物严重超标，不仅主要城市，就连地方中心城市的大气污染情况也相当严重。在有测量局的城市中不符合环境标准的大气污染城市达到40个，占有测量局的110个城市的近40%。水质污染情况也很严重。环境厅于1972年7月底发表的《全国河流、湖泊、海域水质污染检查结果》表明，按大肠菌群、BOD等生活环境基准要求，日本全国50%的湖泊、23%的河流和18%的海域超标，水质污染已经成为日本环境污染的重症。另外，由于工业开发规模的扩大、过度使用地下水所引起的地表下沉、高速公路汽车废气污染、汽车和新干线的噪音等公害在这一时期也非常突出。反公害的居民运动在日本全国各处兴起，公害问题演变为深刻的社会问题。

五 转型期的社会形势以及社会保障情况

（一）生活基础设施建设相对滞后

在经济增长第一主义的氛围下，政府偏重生产设施的投资，而忽视对生活设施的投资。1970年度在整个新产业城市地区，生产关联投资（包括工业用地、工业用水、运输设施、通信设施和国土保全设施等）达14013

亿日元，占总投资的 60%；而生活关联投资（包括住宅、住宅用地、上下水道、教育、卫生、福利设施和职业训练设施等）为 9918 亿日元，占总投资的 40%。[①] 从上述数字上看，似乎对生活设施也进行了积极投资，但事实上这些投资绝非用于当地居民的生活基础设施的改善和充实，而主要是用于为了吸引企业和新增人口的生活设施。[②] 当时日本国民的生活质量与经济大国的地位很不相称，"兔子窝"是用来形容日本国民居住条件差的代名词。残酷的现实要求日本的经济增长模式必须要从GDP 主义向重视民生的方向转换、向高质量的城市化和住宅建设方面倾斜。

（二）区域经济不平衡，"过密过疏"现象严重

国家经济实力不断强大，东京、大阪和名古屋等城市圈经济日益繁荣，但是由于工业与人口密度过大，也出现了基础设施不足、住宅不足、交通拥挤、大气污染、水质污染等公害泛滥的所谓"大城市病"。而与此相对应，各大城市圈以外地方的区域经济却不断丧失经

---

① 通産省『新産業都市・工業整備特別地域の現状』、1972 年版。
② 村田喜代治『地域開発と社会費用』、東洋経済新報社、1975 年、第 235—236 頁。

济独立性，日趋衰退。特别是以第一产业为基础的农村、山村地带，已经出现结构性区域经济疲惫和崩溃的迹象。由于大批青壮年劳动力流向城市，农村只剩下老爷爷、老奶奶和老妈妈，日本农业变成了"三老农业"。偏远内陆山区、山村、渔村的人口过疏问题日趋严重，年轻人大量外流，造成这些地区人口骤减和老龄化速度加快，以至于连最基本的社区生活都难以维持。有不少地区甚至出现了整个村庄或整个部落都被废掉的现象。这些地区与城市地区之间的差距，并不属于单纯的经济差距，而是一种社会差距，或者说是一种精神、文化差距问题。

不过，在高速增长结束时的1973年，日本的农业劳动力转移已经完成（见图6），城市与农村之间、区域之间的收入差距已明显缩小。在高速增长时期的1959年日本实现了"国民皆年金"，即实现了养老金的全社会覆盖，1961年又实现了"国民皆保险"，即完成了全民参与医疗保险的体制转换。70年代初的经济转型时期社会保障制度已经完全建立，在经济转型过程中几乎不存在社会保障问题。日本的社会公平问题已得到解决，基尼系数降低到0.21左右，是当时世界收入差距最小的国家，城乡之间收入差距几乎不存在，农村收入甚至比城市还要高。90％以上的人口都认为自己是中产阶级，当时的日本号称"一亿总中流"。在社会保障、社会公平程度等方面与目前中国的经济转型期有很大的不同，这一点需要注意。

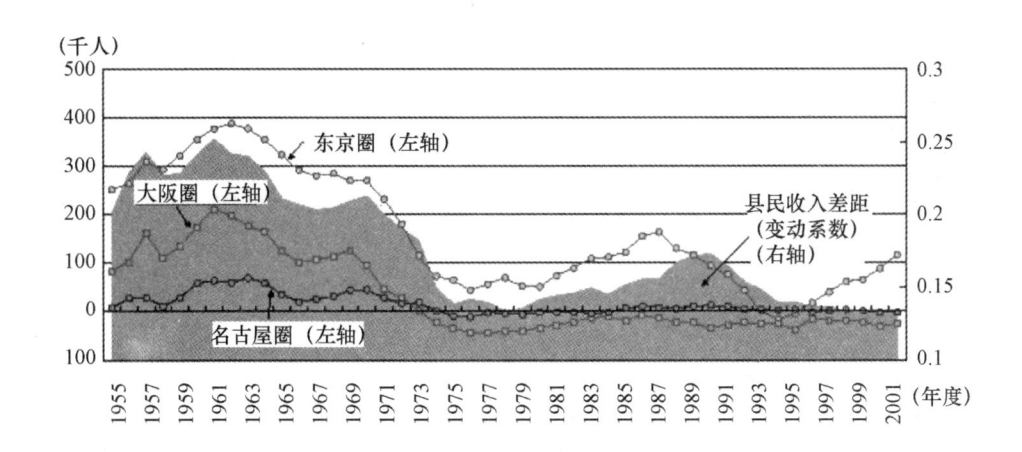

图 6　日本城乡人口流动的变化

注：东京圈为东京都、神奈川县、埼玉县、千叶县，大阪圈为大阪府、兵库县、京都府、奈良县，名古屋圈为爱知县、岐阜县、三重县。

资料来源：経済産業省『通商白書』、2004 年版。

六　国际社会的外部压力：对汇率、出口数量设限等

自 1965 年以来，日本对美贸易顺差不断增加，外汇储备急剧上升，从 1970 年的 44 亿美元，猛升到 1971 年

的154亿美元，一年增长了约4倍。① 在这种背景下，日美贸易摩擦不断，美国强烈要求日本开放市场，提高日元汇率。1971年8月，时任美国总统尼克松，突然宣布美元对黄金不挂钩，要求包括日本在内的西方各国货币升值，导致第二次世界大战初期形成的布雷顿森林体系崩溃。日本将其称为"尼克松冲击"。同年12月发达国家10国财长举行了史密森会谈，尽管议题包括货币调整的方法、幅度以及改善美国国际收支政策等许多内容，但核心却是迫使日元升值。日本以外的主要与会国一致认为"日本贸易顺差是世界经济不平衡的主要原因之一"。美国财长要求日元升值25%、德国马克升值5%。在此之前，日本也曾提出了几种替代方案，但均无果而终。最后不得不宣布实行浮动汇率，日元从360日元兑1美元升至308日元兑1美元，升值幅度为14.4%。② 而此前，自1949年以来日本一直实行固定汇率制，1美元兑换360日元的低汇率持续了22年之久。

日元的突然升值给日本经济带来一定影响，但1972

---

① 内閣府『2007年度経済財政白書』、「長期経済統計」、2007年8月。

② 森 武麿など『現代日本経済史』、有斐閣、1993年、第211頁。

年日本政府实施的扩大内需政策带来了刺激景气的效果，不过这次景气伴随着激烈的通货膨胀。同年，时任首相田中角荣发表了著名的《日本列岛改造论》，其具体内容是：从1972年到1985年期间保持年均10％的经济增长率，要在全国建设众多的25万人口规模的城市，对国土进行全方位的均衡开发。要建设9000公里的新干线、10000公里的高速公路、7500公里的石油传输管道，用新干线和高速公路把全国连接起来。实际上当时日本的新干线只有700公里，[①] 即便到2014年也仅为2884公里。在"列岛改造热"的氛围下，股市和地价等资产价格迅速膨胀。日经平均股指从1970年12月的平均1987点猛升至1973年1月的平均5256点，短短25个月上升2.65倍。全国城市土地价格指数，1971—1972年期间年均上涨率为13％左右，而1973达到25.3％，1974年达到22.9％，1971—1975年5年期间地价上涨1.93倍。[②] 再加上由于放松银根而出现巨额的过剩资金流动，整个经济陷入了过热状态。

[①] 中村隆英『日本経済——その成長と構造』（第3版）、東京大学出版会、1997年、第212頁。

[②] 勝又壽良『戦後50年の日本経済 金融・財政・産業・独禁政策と財界・官僚の功罪』、東洋経済新報社、1995年、第170頁。

从20世纪70年代初由固定汇率转变为浮动汇率之后，日元基本呈升值趋势。当时，尽管日元升值，但由于日本产品质量高，再加上逆J曲线效应，交易条件反而转好，出口势头不减，特别是对美出口急剧增加，这也导致日美贸易摩擦升级。这一时期日美贸易摩擦从纺织品转向了钢铁产品（见图7），日本对美纺织产品和钢铁产品同时实行了自主出口限制，缓解了日美矛盾。

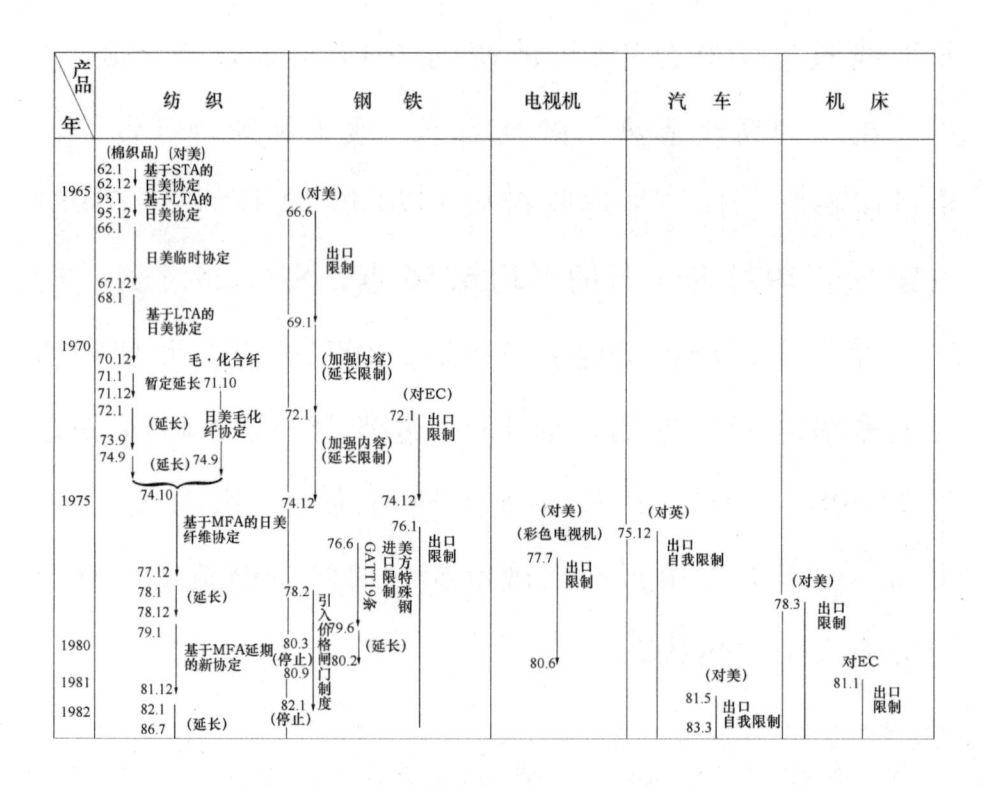

图7　经济结构转型期日美贸易摩擦

资料来源：通商产业省『通商白書』、1982年版。

在这一时期，由于出口的扩大，日本国际收支大幅度盈余，外汇储备迅速增加，彻底扭转了日本经济发展受外汇短缺影响的"天井"局面。

第三章 日本经济结构转型的主要举措

1973年第一次石油危机的爆发对日本来说，意味着资源与能源无限供给的时代已经结束，受石油危机影响国际经济环境急剧恶化，外需减少、产能过剩，同时高速增长时期积累的公害与环境问题在这一时期也集中爆发而且日趋严重。而所有这些问题的解决都集中于一个焦点：那就是必须要进行经济结构转型。毋庸置疑，在经济转型过程中，政府通过经济政策、产业政策等手段发挥了积极的指导与推动作用。鉴于当时的经济形势，日本首先在很短的时间里遏制了恶性通货膨胀，其主要举措是：其一，通过对石油及其关联产品和国民生活必需品进行价格管制；其二，采取紧缩的财政和金融政策；其三，强化"窗口指导"。通过上述一系列强有力的政策措施，日本CPI从1974年的25%降至1978年的4%。与此同时，日本政府也积极推进经济结构转型，主要采取了如下举措：调整产业结构、强力治理公害、开发节能技术与新能源、消解过剩产能以及扩大对外直接投资等。

一　政府的作用与作为

在 20 世纪 70 年代，其间发生了两次石油危机，为这种混乱所困扰，难以看清已经发生的方向性变化，正因为如此，大多数人很晚才注意到这一点，进入 80 年代后，人们终于认识到日本达到了与以往不同的发展阶段。……从经济发展阶段来看，赶超阶段已结束，不能再视日本为发展中经济，日本已在 20 世纪 70 年代的某一时点上不自觉地越过了一个巨大的分水岭。[①] 有学者将这种转变的方向概括为如下几个方面：（1）经济增长由"数量增长"向"质量增长"的转变；（2）工业生产由"硬件生产"向"软件生产"的转变；（3）利益追求由"国家利益"向"多元利益"的转变；（4）企业类型由"传统企业"向"风险企业"的转变；（5）对外贸易由"重视出口"向"重视进口"的转变；（6）制度供给由"大政府"向"小政府"的转变；（7）政府规制由"强化规制"向"缓和规制"的转变。[②] 很显然，上述变化就是经济结构转型的结果。

[①]　池尾和人：《赶超的终结与金融制度改革》，《日本经济研究中心会报》1998 年 8 月。

[②]　日本经济新闻社编：《东洋奇迹——日本经济奥秘剖析》，经济日报出版社 1993 年版，第 1 章。

但是，日本是市场国家，不应当按照中国计划经济的思维与套路去理解日本经济。日本的经济转型并不是像中国这样，事先由政府制定出经济结构转型的总方针和总政策，而是根据市场的规律，或者说是由市场主导的经济结构转型。政府当时公布的法律、产业政策、各种规划也起到了一定作用，但对经济的影响力没有想象的那么大，只能起一定的诱导作用。如前所述，绝大多数学者也是在进入80年代以后才意识到70年代和80年代初期的十年当中，日本不知不觉地完成经济结构转型的任务，"越过了一个巨大的分水岭"。

（一）经济计划

日本的经济计划都是指导性计划，并非指令性计划。其计划的意义主要有以下几点：

（1）准确把握国内外经济形势，对经济社会未来走向进行展望，并就此达成政府内部和国民之间的共识；

（2）促进政府内部及与国民之间就经济社会发展目标（或其他政策目标）达成共识；

（3）从经济整体的立场出发而不是从特定领域的角度把握重要政策，制定政策基本方针；

（4）促进为达到政策目标所需的有效的具体政策的制定，并确保各项政策之间的配套性；

（5）促进国民对政府经济政策的理解，为中长期民间活动提供指导。

总的来看，在研究、制定和实施经济计划的过程中，以经济企划厅和经济审议会为中心，在各政府机构和民间企业、国民之间以及各政府机构之间展开了广泛的沟通和互动。因此，与传统意义上的"计划"相比，很多学者更强调这种经济计划的"信息功能"。

20世纪70年代初期，日本国内外经济形势发生重大变化，迫使日本对此前佐藤内阁制定的以推动经济高速增长为基调的"新经济社会发展计划"进行调整。1973年2月，田中内阁推出新的"经济社会基本计划"。计划提出的主要课题为：（1）创造舒畅的环境；（2）确保富裕稳定的生活；（3）稳定物价；（4）开展国际合作等。这个计划对各个项目都提出了明确的努力目标，并规定了计划期间实施政策的先后次序，如防治公害、抑制地价上涨、加强社会保障、实现对外贸易均衡等。但在计划出台后不久，便遇到固定汇率制向浮动汇率制转化的动荡局势，引发整个国际环境发生重大变化。日本的经济增长率也远达不到计划预期的目标。1976年三木内阁时期制定的"昭和50年代前期经济计划"（即70年代后期经济计划）明确提出中长期经济增长率将放慢。但由于石油危机的影响仍远远超过计划的预想，财政收支急剧恶化。在此情况下，日本经济的增长被迫修正到"稳定增长"轨道。以低速增长为基调的大平内阁的"新经济社会7年计划"于1979年应运而生。

（二）国土开发计划（空间规划）

日本的国土空间计划的规划期间一般为10年至15年。1962年日本制订《全国综合开发计划》，目标年为1970年，该计划提出了"据点式"开发模式，指定了15个新产业城市和6个工业建设特别地区，进行"据点式"国土开发。1969年以经济持续高速增长为前提，制订了《新全国综合开发计划》（也称《第二次全国综合开发计划》），目标年为1985年，提出了"大规模项目"开发模式。但是由于石油危机的爆发，高速增长结束，日本经济环境发生巨大变化，致使计划中的许多大规模项目成为泡影。

日本不得不在1977年提前制订《第三次全国综合开发计划》，该计划与经济结构转型相适应，提出了"定居构想"开发模式，成为日本国土开发从重视经济开发开始转向重视国民生活的转折点，此后大平内阁提出的"田园城市构想"为此后的国土开发理论奠定了"以人为本、与自然和谐"的哲学基础。需要指出的是，日本的国开发计划也只是指导性计划，并不具有强制性。只有各省厅制订具体的年度计划才与预算挂钩，当然国土计划对这些具体年度计划也有一定的影响。

（三）产业政策

与我国的情况不同，由于日本政府本身并不是资源分配的主体，它所能支配的资源、资金十分有限。因此，政府的援助只能起到一定的政策引导作用。可以认为，在战后日本的产业发展过程中，政府的产业政策虽然对资源配置产生了一定影响，但其影响力远没有达到能够主导资源配置的程度。不仅如此，日本的许多经济学者还对日本的产业政策颇有微词，甚至指责其产生了阻碍经济发展的作用。

日本的产业政策在战后经济恢复时期和高速增长时期基本上是以保护幼稚产业和促进产业快速发展为主要内容的。高速增长结束后，20世纪70年代至80年代的经济转型期的产业政策，主要围绕以下两方面展开：一是对"结构性萧条产业"进行适当调整；二是促进尖端技术产业的发展，促进产业结构实现新的转变。1971年5月"产业结构审议会"推出《70年代产业结构设想》，提出要鼓励发展"知识密集型产业"。具体来说，即研究开发密集型产业（计算机、半导体等）、高度组装产业（通信设备、办公设备等）、流行型产业（高级服装、高级家具、音响器材等）和知识产业（信息处理、软件、咨询服务等）。1980年4月，"产业结构审议会"推出《80年代通商产业政策构想》，提出了"技术立国"的方针，提出了在基础原材料领域实现"整体系统化"和"专业化"；在加工组装型产业中推进智能化和柔性生产方式；在生活关联产业实现"时尚化"的目标。进入90年代以后日本政府又提出了"新技术立国""科学技术创造立国"的方针。

二 彻底推行产业结构调整

石油危机迫使日本加速调整产业结构。就是要使产业结构从过去的"重厚长大"转向"轻薄短小"，向节能型、技术密集型和高附加值型结构转化。淘汰高能耗、高污染的产业，节能减排，特别是要减少对石油的依赖，从源头上解决公害和环境问题。当时产业结构调整的具体做法如下：其一，淘汰高污染、高能耗、低效益行业或削减其产能。其二，为了保持产业布局的完整性，对实在难以淘汰的支柱产业实行升级改造。如对钢铁、石化、水泥、造纸、电力、化肥等耗能产业都制定了严格的节能目标，进行合理化改造。其三，工业化发展的重点从基础材料型产业向附加值高而且劳动力吸纳能力强的汽车、机械、电子加工等组装型产业转移。

1. 政府的主要做法

这一时期政府提出的与产业结构调整关系相关的最主要的文件是《70年代产业结构设想》，在这一文件中首先提出为了克服日元升值可能带来的萧条，要实现中小企业的国际化、重视环境、以人为本和知识密集化等四个目标。针对大企业，提出了稳定特定萧条产业临时措施法，将平炉炼钢、轧钢、硅铁制造业、制铝业、瓦楞纸板纸浆制造业、氨制造业、尿素制造业、高度合成化肥、聚氯乙烯、纺织业、合成纤维等行业确定为特定萧条产业。根据不同行业，实行严格的设备废弃制，甚至出现了像制铝业那样相继关闭工厂、国内生产几乎为零而只依靠进口的行业。

在产业结构调整过程中，日本政府也特别重视支持民间的研究开发即创新活动。在日本政府及学者专家与企业通力合作下实现产、学、官三结合的体制，已成为日本经济起飞的支柱。例如，日本取得半导体技术的巨大优势，是与政府及学者和日本企业的通力合作、始终如一地追求和扩展半导体技术的经济效果分不开的。日本政府每年投到半导体技术研制的资金在 2 亿美元以上,时间长达 20 余年。正是因为政府的决心与政策的持久性、稳定性,带动了许多企业转向发展半导体的热情,以比政府投资高出 15 倍的更高投入来发展半导体事业。日本在科学技术方面通过引进模仿,建立自身科技队伍和提高其素质,并从世界市场需求出发,集中世界已有成就,研制市场上没有的产品,使日本家电、汽车等许多产业的成长都与产、学、官合作体制不可分割,这与政府的主导作用密切相关。

2. 企业的行动

企业在调整产业结构时也非常重视提高创新能力。到 70 年代初期,日本的追赶期已经结束,通过引进欧美先进技术来提高生产率水平的空间变小。与模仿技术相比,开发新技术所需成本要高得多,可能还要伴随失败的风险。但在新的形势下,迫使企业不得不转变思想,积极进行技术创新,其结果是,70 年代后期和 80 年代日本在汽车、家电、机床等领域开发了许多世界领先的技术。虽然开发费用远远高于高速增长时期,但毕竟提高了生产率。据统计,1973—1982 年,日本制造业劳动生产率年均提高 7.2%,尽管这一时期与日本自身相比相对下降,但这一比率分别相当于同期美国的 4.2 倍、联邦德国的 2 倍、英国的 4 倍、法国的 1.6 倍、意大利的

1.9倍、加拿大的4.5倍。①

3. 产业结构调整的成果

这次产业结构调整得很成功，资源、能源型的"重厚大长"的重化学工业从成长产业中脱离出来，而技术密集型产业及组装型机械产业变为增长的中心。例如，70年代初日本炼铝业的产量位居世界第二，而到80年代，炼铝业陆续关闭，最后只剩下一家。同期，生铁及粗钢产量转为负增长。

在降低重化学工业比重的同时，电子、家电产业、汽车等技术含量比较高的产业得到迅速发展，平均水平超过美国。特别是汽车产业发展尤为突出，1970年为529万辆，而1978年猛增至927万辆，1980年超过1000万辆，超过美国位居世界第一（参见图8）。而且其中有六成左右用于出口，汽车出口占日本出口的比重从1970年的不足10%猛增到1979年的17%，成为日本名副其实的出口支柱产品，直到现在日本的汽车产业仍然保持着世界最强的出口竞争力。以家电为中心的电子机器产业仅次于汽车行业，也得到迅猛发展，电子产业生产额

---

① 李宗主编：《当代资本主义世界经济发展史略》，社会科学文献出版社1989年版，第132页。

从1970年的3.4万亿日元猛增到1979年的7万亿日元，增幅超过2倍，1979年电子工业在机械工业中所占比重达19.3%，仅次于汽车24.1%的比率。同时出口也迅速增加，1970年电子产品出口额为8625亿日元，而1979年达到3.05万亿日元，增幅高达3倍多，占机械产品出口总额的25%。①

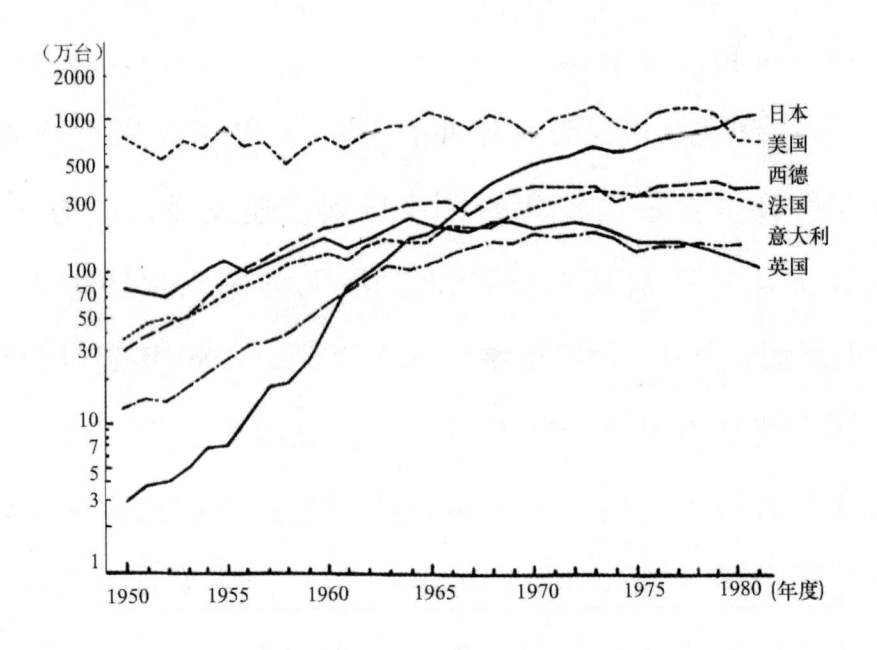

图8 日本汽车产业的迅猛发展

资料来源：日本自動工業会『主要国自動車統計』、1982年版。

---

① 《日本通商产业政策史》第12卷，中国青年出版社1995年版，第422页。

汽车产业与家电产业的特点是组装型产业，汽车产品和家电产品均为耐用消费品，产业链条长，产业弹性系数高，社会需求量大，技术含量高，附加价值大；此外，还属于劳动密集型产业，吸纳劳动力能力强。这种产业选择可以说是日本经济结构转型成功的关键所在。

另外，由于在石油危机发生以前，日本的产业政策已经向技术密集型的产业结构倾斜，电子技术、新型材料、生物技术、能源开发、信息通信等已经成为日本高技术产业的重点工程，并且也已经给日本的经济发展带来了巨大的实际效益。这成为日本能够在短期内克服两次石油危机带来的困难的一个重要原因。

三 开发节能技术和新能源，推行石油替代战略

在进行产业结构调整的同时，日本还大力开发节能技术、新能源和石油替代技术。日本于1974年和1978年分别提出了"日光计划"和"月光计划"。前者是太阳能、煤能、地热和氢能等新能源开发计划。后者强化对节能技术的研究与开发，提高能源转换效率，回收和利用尚未被利用的能源。1989年又提出"环境保护技术开发计划"，1993年日本政府将上述三个计划合并成了

规模庞大的"新阳光计划"。国家除了直接组织攻关项目外,还鼓励和支持生产厂家通过技术创新的手段,尽量降低家用电器的耗电量。大力开发节能汽车,众所周知,日本汽车节能环保,深受消费者青睐,很快占领了欧美市场,并成为日本出口的主导产品。

1. 政府的主要做法

政府除了直接组织进行节能、开发新能源的技术攻关外,还制定一系列法规,1973年政府通过了《石油紧急对策纲要》,其要点是:(1)开展节能消费运动;(2)对节能使用石油及电力进行行政指导;(3)取缔搭车涨价和不当盈利;(4)为确保国民经济和国民生活稳定进行必要的紧急立法;(5)抑制总需求和强化物价对策;(6)努力确保能源供应。

政府还带头为节能做表率,削减20%的官厅用车,办公区确定室温不得超过20℃,熄掉1/3的电灯等。

实行强有力的旨在节省石油及电力消费的行政指导,进而采取了以下措施:(1)到1973年12月末,将一般企业的节约率暂定为10%;(2)对属于大量使用石油的11种行业(钢铁、汽车、电器、石油化工、轮胎、化纤、铝、有色金属、水泥、平板玻璃、纸浆)的大企业以及使用最大电力 3000 千瓦以上的耗能大户，进行节能的个别指导；（3）缩短娱乐行业、流通企业的营业时间等。在 1973 年年底，国会通过了《石油供求公平化法案》和《国民生活稳定紧急措施法案》，史称"石油二法"。

1974 年石油紧张期之后，政府又分步骤地推行节能政策。大体分为：（1）促进能源使用的合理化；（2）为节省能源促进技术开发；（3）促进宣传活动。在税制方面，创设了关于有效利用能源、资源设备的特别折旧制度。另外，为促进节能设备的引进，日本开发银行（政策银行）设立了优惠贷款制度，对设置热转化器、排热锅炉等设备的企业予以贷款支持。对于中小企业，于 1975 年设立了能源管理诊断指导制度。1976 年推进了节能综合对策，根据 1976 年 3 月 29 日"珍惜资源能源运动本部"确定的《关于今后节能政策的发展方向》，以有效利用能源为重点的政策代替了以往以消费节约为中心的节能政策。[①]

2. 企业的主要做法

在政府的强烈推动下，企业依据《节能法》全力开发

[①] 《日本通商产业政策史》第 13 卷，中国青年出版社 1996 年版，第 124—127 页。

和推广节能技术,各产业部门的节能均取得了进展,显著地改善了主要的耗能行业的资源单位消耗及石油单位消耗。在建筑方面,也制定了有关设计、施工的节能方针,在普及保温、建材上取得了良好业绩。在机电行业,轿车和空调被指定为特定机器,努力进行技术开发和引进成果,特别是耗能大户取得了很好的节能效果(见表5)。

表5　　　　　　　　高能耗产业节能对策效果　　　　　　　(单位:%)

行业	能源(石油)单位消费资源降低情况(1982年度/1983年度)	节能对策概要	代表性节能设备	普及率
钢铁	85.0 (32.0)	①操作技术的改善 ②排出能源的回收 ③生产工序的改善 ④提高能源使用效率	①回收高炉顶压的发电设备 ②连铸设备 ③干式灭火设备	49 83 29
铝提炼	89.9	①废液回收 ②强化保温 ③强化燃烧管理 ④电极的改良	①溶解、保持炉同流换热器 ②均热、加热炉同流换热器	10 28
石油化工(乙烯)	77.5 (79.8)	①热回收 ②压缩器的改良 ③蒸馏系统还流比率的降低	①加热炉排出废气及热回收设备 ②分解生成物的排热回收设备 ③高效压缩机	100 100 100
水泥	71.9 (3.7)	①非自行转换 ②原料研磨加工的改进 ③排出热利用 ④燃烧管理合理化	①自动、非自动窑	92.8

续表

行业	能源（石油）单位消费资源降低情况（1982年度/1983年度）	节能对策概要	代表性节能设备	普及率
造纸纸浆	91.1 (64.1)	①回收排出的热 ②改善操作管理 ③生产工序的连续化 ④加强废纸利用	①连续蒸馏分解锅 ②液膜下流型真空蒸发罐 ③面压脱水设备	19 23 0
染色整理		①发扬节能意识及彻底的维修管理 ②回收并再利用排出的温水及热 ③引进低浴比染色机等节能设备 ④改善加工条件	①热转换器（液—液） ②节能型清洗装置 ③低浴比染色机	56 17 17
玻璃板	70.7 (65.0)	①以保温材料隔热 ②窑的天花板的改善 ③提高蓄热效率 ④设置废热炉	利用废热的锅炉	100

资料来源：《日本通商产业政策史》第13卷，第134页。

3. 主要成果

经过70年代、80年代的努力，日本的能源效率大大提高，据原兴业银行的调查，1973年以后的10年中，日本实际GNP增长47%，而一次能源的消耗量只增长了17%，单位GNP的石油消耗量下降了一半。值得注意的是，日本的节能战略一直影响到现在，2004年日本的GDP占世界的16%，而一次能源消费仅占世界的5.3%。即便是在2014年，日本依然是世界上能源利用效率最高的国家。节能技术和新能源开发取得了长足发展。目前日本的太阳能发电、蓄电池等技术以及其他节能技术在世界居领先地位,其基础都是在70年代打下的。从替代石油战略来看,主要是扩大煤炭、天然气、核电、水电以及新能源的比例,其中发展核电起到了决定性的作用。1970年日本核电站仅有3座,到1980年达到21座,90年代中期以来核电已占到整个电力能源的30%。到80年代中期,一次能源中石油的依赖度从1973年的75%降至55%,2011年又降为42%,可见效果是比较明显的。

四 治理公害、保护环境、妥善处理环保群体事件

如前所述,由于长期追求高速增长,作为高速增长的后遗症,在20世纪60年代末和70年代初,日本的环境遭到严重破坏,水质污染、恶臭、噪声、振动、土壤污染和地基下沉等公害同时爆发,东京、大阪、川崎、四日等许多重污染地区的大气污染尤为突出,仅在1973年光化学烟雾警报发布日就超过了300天。震惊世界的"四大公害诉讼"事件将日本的公害问题推向了顶点。在"四大公害诉讼"过程中,全国各地民众纷纷开展反公害运动并酿成严峻的社会问题。迫于形势,政府不得

不痛下决心治理公害、恢复和保护生态环境。

（一）政府与企业治理公害与保护环境的主要举措与成果

1. 政府的主要做法

在1970年日本的临时国会上一举通过包括《公害对策基本法》《大气污染防治法》和《水质污染防治法》等在内的14部公害与环境相关法律，史称"反公害国会"。第二年设立环境厅，统一管理全国的公害治理和环境保护事宜。1965年成立了公害防治事业团，具体实施治理公害项目，同时也为环保事业提供资金。

1970—1980年间，日本直接用于治理环境污染的费用，在国家财政预算中的比重从1.1%增加到了2.5%，增长了1.3倍。值得注意的是，在调查公害原因机理过程中，政府制订了重要技术研究开发补助金制度。将特定公害防治技术和以生产过程的天然公害化为目标的封闭生产程序技术开发等课题作为特别补助对象，通过技术创新活动，促进公害防治。

从宏观层面看，高速增长结束后，国民要求提高生活水平的呼声日益高涨。在这种情况下，过去主要投向铁路、公路、港口以及电力开发等生产性社会基础设施的财政融投资，开始转向政府廉租房、上下水道、医院、公园等生活设施。例如，住宅建设投资在财政融投资中的比重，1965年为11%，而到1980年上升到25%。政府的公共投资从生产设施优先型投资转向生活关联投资。政府投资导向的变化对防治公害、改善环境也很有重要意义。

2. 企业的主要做法

企业用于治理公害的投资增加。在政府强化治理公害的1970年以后，民间企业大幅度增加了公害相关投资。例如：1970—1974年期间，公害关联投资占销售额的比重，钢铁行业从0.9%上升至1.8%；化工行业从0.4%上升至1.3%。民间企业的创新活动投入也以防治公害为重点，防治公害技术研究费总额1969年是38亿日元，1970年达到142亿日元，1973年提高到701亿日元，1978年猛增至938亿日元，1981年达到1059亿日元。从图9可以看出，企业用于治理公害的设备投资在20世纪70年代初直线上升，到1975年达到高峰，此后随着公害程度的减弱又急剧下降，又保持了稳定投资。民间企业宁愿牺牲自身的生产效益，也要履行社会责任的态势也是从这时期开始的。

在国民、企业和政府的共同努力下，与70年代初相比，80年代初期，日本的硫化物等主要污染物指标急剧下降（见图10）。经过十几年的努力，日本的环境问题基本得到解决，并得到国际社会的认可。此后日本成为世界公认的生态环境保护先进国家。由于日本政府对公害问题和环境污染的重视和强制要求，日本的环境保护技术一直都处于世界领先地位，客观地刺激了企业的技术进步。一个典型的例子是，日本汽车行业生产的轻型汽车既节省燃料，又较少产生污染，成为国际上有竞争力的产品。从此，日本踏上了走向世界"汽车王国"之路，1979年日本汽车产量超过了美国。公害问题的解决以及生态环境的恢复不仅给产业界带来"外部经济"，也大大提高了国民生活质量，提升了日本的国际形象。

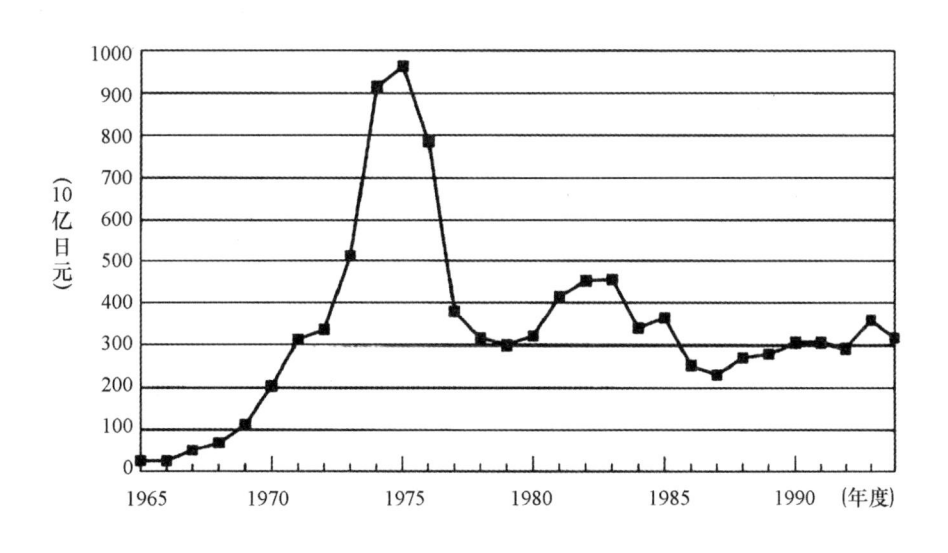

图9　日本公害治理设备投资变化

资料来源：環境庁『エコ・アジア長期展望プロジェクト報告書』、1997年。

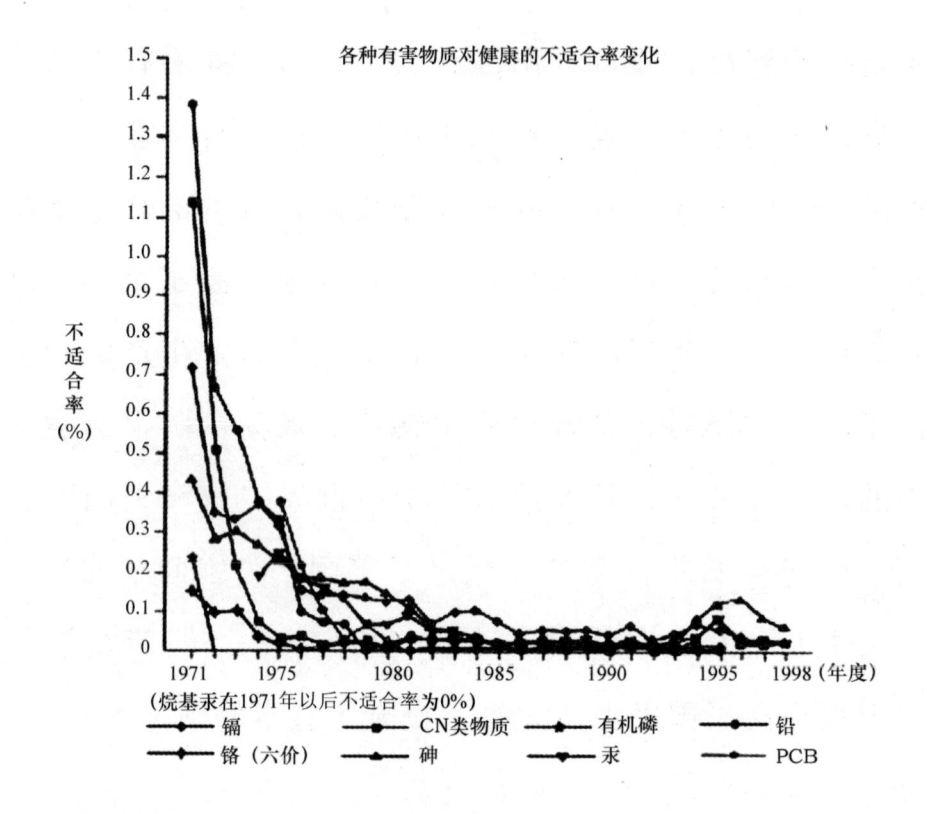

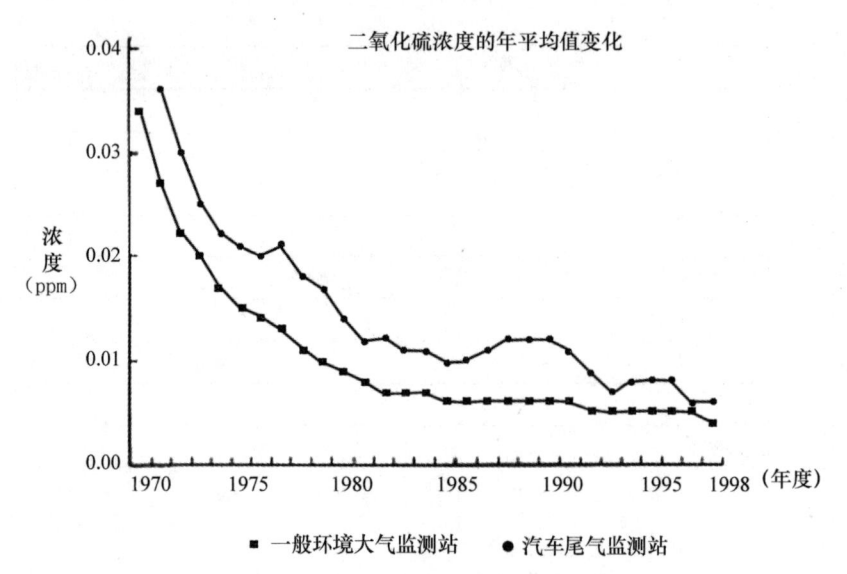

图 10　日本主要污染指标的变化情况

资料来源：環境省『環境白書』、2000 年。

（二）妥善处理公害、环境问题引发的群体事件

日本自明治维新以来，开始向西方学习，逐步从近代化走向现代化，因而也经历了美欧所经历过的环境污染问题。日本人习惯于将影响人类生活质量的环境污染称为公害，公害是指经济发展中造成的环境污染所给人类带来的损害。① 日本主要经历过的公害有资本原始积累时代的矿山公害、产业革命以后的工厂公害、现代都市公害与因地区开发而破坏了自然和历史景观等。这些都是日本发展中的教训，高速增长让民众的生活水平提高的同时却影响了生活质量。日本民众为保护环境，开展了许多环保运动。

总体来看，因为日本是民主政治国家，政府不敢得罪选民，在冲突事件中，比较容易站在民众一方；企业考虑更多的是长远利益，对治理公害或者安抚民心也比较积极；民众素质较高，在进行环境维权运动中，多半依据法律解决问题，暴力性事件相对较少。

---

① 日本《环境基本法》中将公害定义为由于事业活动和人类其他活动产生的相当范围内的大气污染、水质污染（包括水的状态以及江河湖海及其他水域的底质情况的恶化）、土壤污染、噪声、振动、地面沉降（采掘矿物所造成的下陷除外）以及恶臭等，对人体健康和生活环境带来的损害。2012年进行法律修改时，又将放射性物质也划为公害物质之一。

与中国不同的特点是，日本环保维权运动具有明显的组织性。代表受害者利益的农协组织、渔协组织以及城市中的街道居民会（町内会）等民间自治组织或者站在运动的第一线或者成为受害者的后盾，表现十分活跃。不仅如此，受害者往往是事先成立各种非政府组织（NGO），例如对某项有可能引起公害的工程项目，反对派、支持派以及有条件支持派的组织，大多能够经自身协商或通过政府主管部门介入，与企业达成妥协，这样的案例较多。

从战前来看，在明治中期时，主要能源为煤炭，伴随着钢铁、造船等重工业的发展，日本的环境污染问题逐渐显现。例如1878年栃木的"足尾铜山矿毒事件"、1883年的"浅野水泥粉尘事件"、1893年的"别子铜山煤烟事件"、1922年的"神通川痛痛病事件（富山县）"等。由于日本政府战前并没有防治公害方面的法规或制度，且"富国强兵"政策的施行而使得民众生活环境未得到足够重视，因而环境污染给民众生活造成了影响，并引起了一些关于污染的纷争问题。这一时期，纷争的内容大多以对受害地区的群众给予赔偿为主，解决方法则基本由当事人决定，且公害纷争中对于噪声、振动等的生活中常见的案例极少，多为传统的环境污染案例。战前，反公害运动尚未形成规模，而在当时的历史条件下也不允许市民或居民自由结社，政府基本上是维护企业利益，站在企业一边，受害居民多以迁居或得到些许经济赔偿了事。

战后经济高速发展时期，公害问题日益严重，例如最著名的"四大公害"[①]。比起战前来说，频率提高、种类增加、范围变大。而从公害当地居民开展的"住民运动"[②]的发展来看，居民所要求的除了赔偿之外，还有停止经营和生产、采取公害防治措施等各个方面。住民运动的团体在种类增加的同时也变得更加有组织性。而从政府的处理方式来看，当地政府常作为居民与企业的中间协调者，兼顾双方利益，依据政策解决现实问题。从图11、图12来看，日本经济转型时期的公害纷争呈快速增加趋势，而在80年代有所下降。需要说明的是，进入21世纪以来，虽然日本的公害申述件数仍较多，但多倾向于小规模，这主要由于日本民众的环保意识增强，

[①] 四大公害是熊本县"水俣病"、富山县"痛痛病"、三重县"哮喘病"、新泻县"水俣病"。

[②] 住民运动是学生运动、地区分权运动、女性解放运动、环保运动、生态运动、反核运动等的总称。

会更加灵活地运用相关条例来维护自己的利益。与 70 年代相比，公害的程度、影响范围等都有所不同。

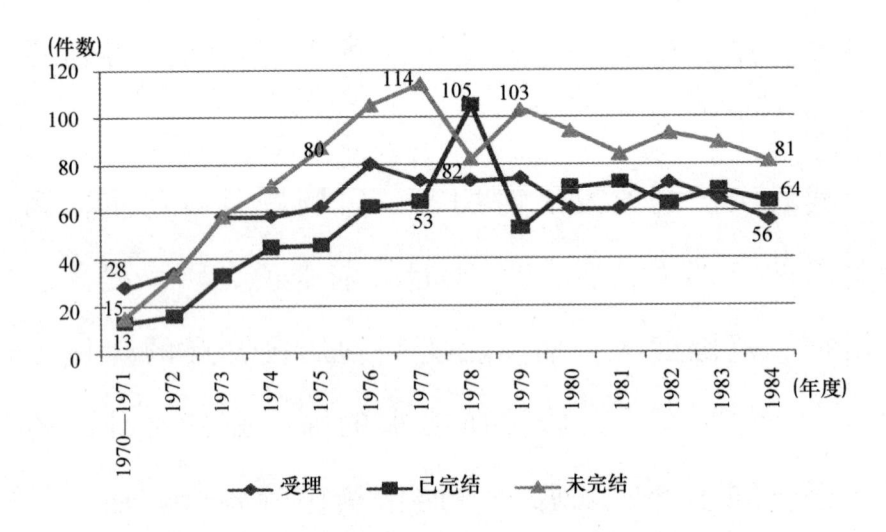

图 11　日本全国公害纷争处理机构的大案处理状况一览

资料来源：根据日本 1970—1988 年各年度『環境白書』数据整理绘制。

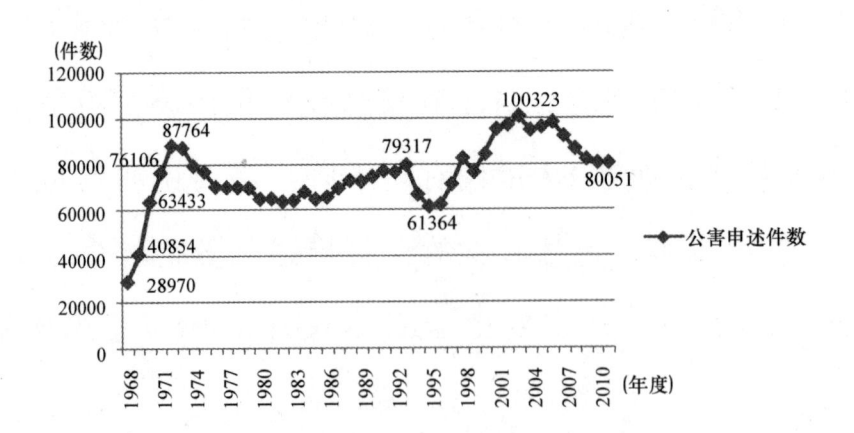

图 12　地方政府的公害申述件数

资料来源：根据日本总务省『平成 24 年度公害等調整委員会年次報告』的数据整理。

日本的环保运动相对来说比较温和。此类住民运动的方式一般有行使直接申诉权、选举运动、居民投票、集团诉讼、"市民行政监察专员"活动、请愿陈情和制造舆论活动等。下面通过几个案例来具体分析。

案例一：水岛地区的环境污染

水岛隶属于日本冈山县仓敷市，有着广阔的海滩、水产丰厚的渔场和美丽的田园风光。第二次世界大战中，当地建立了三菱重工业的名古屋航空机械所冈山工厂，使得水岛地区开始了工业化。第二次世界大战结束后建立了联合化工厂，1961年正式投产。此后的几年内，水岛近海开始发出腥臭味，当地的植物变色变形，市区内会闻到洋葱腐烂一样的味道，很多人患上了哮喘等疾病。而在1975年更是发生了严重的柴油泄漏事件。

仓敷市政府于1972年制定了仓敷市《特定呼吸道疾病医疗费支付条例》，于1975年被国家认定为《公害健康被害补偿法》的指定地区，并开始支付公害病医疗费，但几年后有关氮氧化物的环境基准下降，行政管理松弛，且该条例于1982年被废止。1983年11月9日，被上述法律认定的公害患者中的

61人将8家企业①告上法庭，要求当地的二氧化硫、二氧化氮、悬浮颗粒物的含量必须达标，且要求对死亡者家属和患者支付赔偿金。经过三次诉讼后，法院于1994年3月23日做出判决，认定三种污染物造成的污染属实，且令企业支付赔偿金。1996年12月26日双方达成和解，企业支付了13.92亿日元的和解金，而公害患者们则成立了水岛财团，开展城市建设活动。从公害发生到双方和解共持续了30多年，当地政府也逐渐起到了协调和沟通的作用，该公害事件也着实成为了日本和其他国家公害治理方面的教训与借鉴。

案例二：六所村的核废料处理厂

另一著名的案例是发生在日本青森县上北郡陆奥小川原的六所村。六所村位于下北半岛太平洋沿岸，以其多种类的能源关联设施（核废料处理厂与相关核能周边设施、国家石油储备基地、风力发电基地等）而被不少人熟知。虽然这里只是一个人口约1.1万人的小村镇，却因为它偏僻、近海和比其他地区较不易发生地震等特

---

① 川崎制铁、中国电力、三菱化成、冈山化成、水岛共同火力、旭化成、三菱石油、日本矿业。

性而被日本政府选为核废料处理厂。六所村的发展要从1969年开始谈起，1969年佐藤荣作内阁通过的《新全国综合开发计划》中包括了陆奥小川原工业基地开发项目，① 计划在此建设石油储备基地与石化工业区，当时日本处于工业高速发展时期，重工轻农，即使有农渔民组织起来反抗，也因为金钱攻势而被轻易压制。虽然没有众多居民进行强有力的反抗，但这却是失败的一个项目，实施不久就因为石油危机的发生以及当时公害问题正发展为严重的社会问题而宣告结束。

1984年，政府有了在此建设核循环基地的计划，通过电力事业协会提出的申请仅在几个月后就被村长草率地接受，1985年4月18日，六所村正式成为了预定地点。如今，六所村发挥着铀浓缩、乏燃料后处理、混合氧化物燃料制作、高放和低放废物储存等核处理方面的作用。虽然六所村的工业基地对当地的经济振兴、扩大就业和增加财政收入等起着重要作用，但居民也因对公害发生的预期而进行了集体反抗。如在1985年，农民和渔民进行了反对运动，渔民用渔船封锁海岸，不允许开

---

① 张季风：《日本国土综合开发论》，中国社会科学出版社2004年版，第83—86页。

发公司职员和政府官员接近临海地带。当地政府与警察合作，逮捕了5名居民。而1986年4月切尔诺贝利事件的发生，更是加剧了日本当地民众的斗争，农民团体和女性市民团体发挥了很大的影响力。青森县内的反对运动逐渐变为革新政党与工会相结合的大范围的群众运动，这也使得1989年主张冻结核燃料的土田浩当选为村长。但土田当上村长后，他的立场却变为"慎重推进"核设施建设，且在1990年的青森县知事选举中，赞成派的北村当选，这使得居民遭受双重打击，反对运动便不再高涨。从1995年开始，海外返还的高放射性废弃物和国内核能发电厂的核废料逐步运至六所村，至2002年12月末，共有779吨的核废料搬入此地。[①] 至今，对于以地区经济发展为重还是以防止未来公害为重的这一选择题，仍在被世界各地的人们所探讨，而对于六所村的未来，仍让很多人不敢想象。

案例三：成田机场的"钉子户"

20世纪60年代初，日本政府决定建设成田机场，直至今日，关于强拆农民房屋的纷争仍旧不断。个别的三

[①] 舩橋晴俊・長谷川公一・飯島伸子『巨大地域開発の構想と帰結——むつ小川原開発と核燃料サイクル施設』、東京大学出版会、1998年。

里塚居民即使面对着机场带来的噪声污染，也愿意做"钉子户"坚守自己的土地。最初内阁敲定建设计划的时候，并没有事先和三里塚的居民进行沟通，这使得居民对政府这一做法十分反感，并认为这属于"强权政治"。三里塚居民成立了"反对同盟"，与政府进行了激烈的斗争，而当时的工人、农民、学生与一些环保组织也积极加入，甚至日本左翼势力也强行加入斗争，使得这场群众运动政治化、暴力化。从数据上来看，最严重的一次冲突——1971年的"东峰十字路事件"共动用警卫5300多人，造成3人（均为警察）死亡，150多人受伤；而1977年的"东山事件"和"临时派出所袭击事件"亦有两人死亡；1985年的"成田当地斗争事件"，约3900名反对者召开集会，冲突持续了两个多小时，241名"反对同盟"者被捕。①

1993年，著名社会活动家东京大学名誉教授隅谷三喜男等人也介入这一事件进行调停，在"第十二次成田机场圆桌会议"上，隅谷教授和与会人员提议要以"民主的方式"解决这一问题。1995年，时任日本首相村山

---

① 数据来自『三里塚闘争』、『东峰十字路事件』等的维基百科词条。http://ja.wikipedia.org/wiki/。

富市向当地居民公开道歉，并宣布放弃在成田机场动用《土地征用法》中规定的强制实施条款。1999年，为迎接3年后的韩日足球世界杯赛事，成田机场第二条跑道开始修建。但当时仍有7户人家坚持不搬离，这使得成田机场原定计划修筑的2500米的跑道只得修成2018米，[①] 因而变为备用跑道，只能供一些中小型客机使用。

日本居民拥有土地所有权，所以有些人会坚定地守护自己的土地，即使机场附近有着噪声等的污染问题，却有"钉子户"至今仍留在成田机场南侧跑道的远端，而关于此事的是与非的讨论也仍在继续。日本多数民众认为，当局应当用法律手段解决问题，也有很大一部分民众觉得，个人利益应当为公众利益做出牺牲。[②] 因修建成田机场而导致的40余年的流血斗争，更使得日本政府逐步认识到民权的重要性，也掌握了处理此类民众事件的原则。而成田机场事件所表明的民主法治的重要性，也为我国政府解决相关类似问题，提供了很好的借鉴。

---

① 张子宇：《成田机场"牛钉"抗拆半世纪》，《国家经济地理》2012年11月。

② 黄文炜：《日本"钉子户"抗争40年迫使首相谢罪》，《南方周末》2007年5月10日第B12版。

由于战后日本经济的高速发展，日本的环保运动在当时逐渐变得频繁。但是，日本的民主制度经过长年的发展，民主主义思想在日本民众中已根深蒂固，且又由于环保意识的普及和利用法律法规维护自己权利的观念加深，日本的环保运动至今仍不断开展。在环保运动的历史中，有过流血、冲突，有过很多政府的不当处理，但随着民众对维权的坚持和日本政府对过往经验和教训的吸收和学习，日本的环保运动已变得更为温和。

中国正处于经济转型阶段，提倡"追求绿色GDP"理念，在提高人民生活质量方面，尤其要注重对环境的保护。在对于环保的群体运动中，当地政府不应当偏重考虑企业利益，而应当同时注重企业与民众两方面的利益，吸收日本的经验教训，保障人民生活质量。

五　企业"瘦身"，消解产能过剩

在长期高速增长时期，日本企业为了获得利益最大化，不断扩大设备投资，结果导致产能过剩。石油危机爆发后，世界经济急速下滑，在外需萎缩的大背景下，企业生产急剧下降，进一步加剧了产能过剩。为了扭转这一局面，政府在法律政策层面鼓励企业缩小产能，而央行不断下调利息,为企业缩小产能创造条件。企业自主控制设备投资。

1. 企业的做法

对企业来说,油价的上涨意味着生产成本的上升。要想摆脱困境,必须在内部挖掘潜力。当时的日本企业普遍采取了"减量经营"模式,如图13所示,大体经历了应急对策、数量应对和质量应对三个阶段。其要点主要包括减少利息负担、减少雇用工人、抑制新生产能力的扩大等。

减少利息负担是"减量经营"的最直接目标。在经济高速增长时期,日本企业不断扩大设备投资,结果导致借款率占经营资金的比例越来越高,而自有资本率越来越低。到70年代初自有资本比率降至14%的危险状态。石油危机爆发后,经济陷入萧条,高速增长时期积累的隐患开始显露,企业利息负担日益加重,经营效益纷纷下降。为了摆脱这一窘境,企业通过出让资产、节省开支和削减红利等手段筹措资金,积极归还借款,以减轻利息负担。经过十几年的艰苦努力,终于取得了成效。到1985年,制造业企业自有资本率上升到27%,比70年代初提高了近1倍。这一成绩的取得自然是企业努力的结果,但与央行不断下调利率也有很大关系。例如,1975年6月央行再贴现率为9%,10月下调至8%,到1978年3月降至3.5%。在利息不断下调的环境下,企业又自主控制设备投资,两者相辅相成,才使企业长期借款减少的目标最终得以实现。

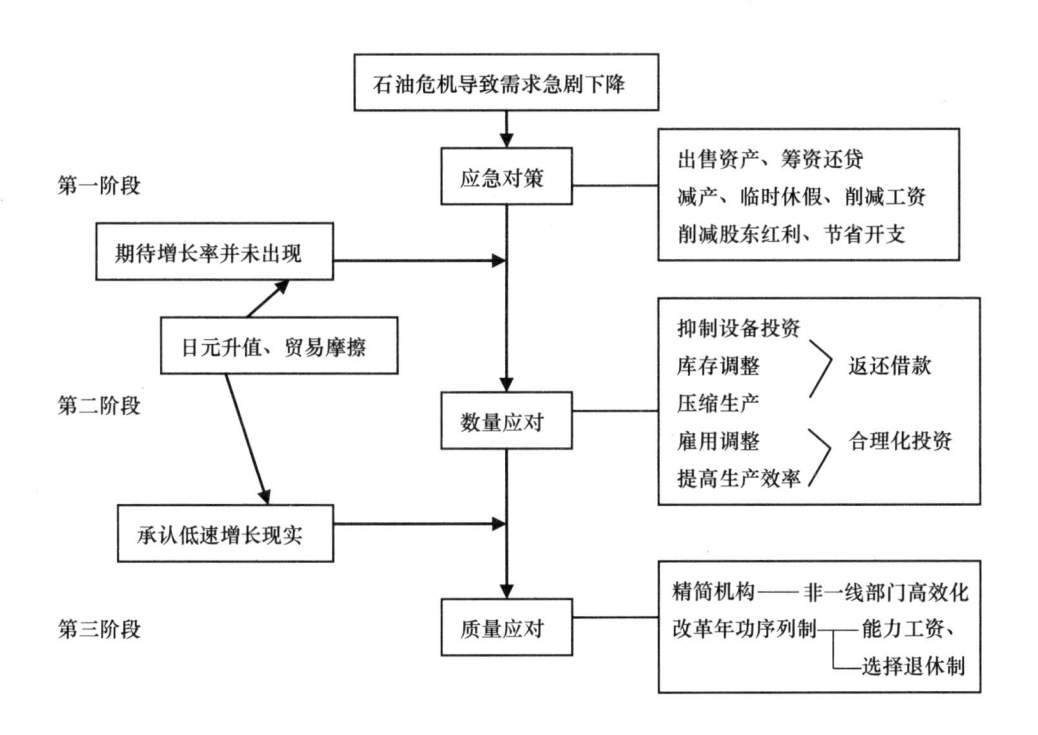

```
                        ┌──────────────────────┐
                        │ 石油危机导致需求急剧下降 │
                        └──────────┬───────────┘
                                   ↓
                            ┌──────────┐      ┌────────────────────┐
   第一阶段                  │ 应急对策 │─────→│ 出售资产、筹资还贷     │
                            └──────────┘      │ 减产、临时休假、削减工资│
                                 ↑             │ 削减股东红利、节省开支  │
                                 │             └────────────────────┘
        ┌──────────────────┐    │
        │ 期待增长率并未出现 │────┤
        └──────────────────┘    │
                ↓               │            ┌──────────┐
        ┌──────────────────┐    │            │ 抑制设备投资│→ 返还借款
        │ 日元升值、贸易摩擦 │    │            │ 库存调整   │
   第二阶段 └──────────────────┘    ├──→ ┌─────┐ │ 压缩生产   │
                ↓               │   │数量 │ │ 雇用调整   │→ 合理化投资
        ┌──────────────────┐    │   │应对 │ │ 提高生产效率│
        │ 承认低速增长现实  │────┤   └─────┘ └──────────┘
        └──────────────────┘    │
                                 ↓
                            ┌──────────┐     ┌────────────────────────┐
   第三阶段                  │ 质量应对 │────→│ 精简机构——非一线部门高效化│
                            └──────────┘     │ 改革年功序列制 ┬ 能力工资、│
                                              │              └ 选择退休制│
                                              └────────────────────────┘
```

图 13 减量经营程序示意

资料来源:作者根据『経済白書』(1979年版)资料绘制。

减少雇用是企业"瘦身"的最常用手段。70年代初日本企业采取的具体手法如下:首先是解雇临时工;其次是女职工婚后自动离职或老职工退休后不再招工；再次是让长期工人"临时休假"或下派到子公司、分支机构。从上述手法可以看出：当时企业只是减少雇用并没有直接裁减在岗员工，亦即并未触及"终身雇用制"这一日本式"雇用惯行"。这种"温和"的雇用调整很快奏效，1975—1979年的雇用减少率高达6%，制造业减少雇用80万人。与此同时，工会组织也采取了合作态势。在每年例行的以争取增加工资为主要目的的"春斗"中，对工资增幅要求不断降低，从1974年的33%下降为1975年的13%，1976年、1977年又降至8.8%，1979年降至6%。雇用量减少与工资涨幅下降产生了乘数效应，使产业界实现了削减支出总额的目标。

抑制企业规模的扩大也是减量经营的重要举措。这一时期企业投资很少用于量的外延扩大，主要是用于企业内部技术改造和固定资本的更新。经过几年的努力，企业生产成本大幅度下降。据日本原经济企划厅的调查，1975—1977年，企业人事费下降27.8%，金融费节减26.9%，库存费用节减8.9%，其他费用节减23.9%。企业自主控制设备投资，1974年至1977年设备投资额连续5年负增长（见图14），这在战后日本经济史上十分罕见。需要特别指出的是，当时日本正处于以微电子技术为中心的技术革新时期，减量经营不只是单纯的减量，主要是为了降低单位产品成本，提高全要素生产率。1975年至1982年期间，虽然设备投资额有5年是下降的，但合理化、省力化投资则比较活跃。当时采用的新技术，如机器人、电子计算机等对降低单位产品原材料和能源能耗、提高生产率水平都起到了重要作用。特别是在公害治理方面的设备投资是急剧上升的（见图9），排污企业普遍使用脱硫设备和氮化物再处理设备。

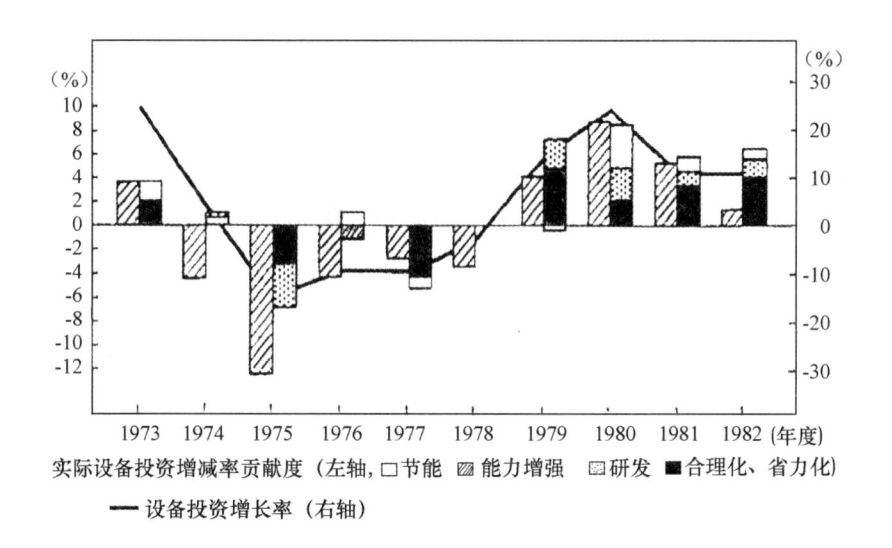

图14 日本经济结构转型期设备投资的变化

资料来源：根据日本开发银行『設備投資調査』1984年数据整理。

2. 政府的主要做法

减量经营的成功不仅是企业努力的结果，与央行不断下调利率以及折旧制度等政策支持也有很大关系。

通过70年代初、中期的努力，经过"减量经营"的企业轻装上阵，在高速增长时期非常低的企业自有资本比率在1975年以后转为升势、过剩产能大幅度消解。劳动供需形势也得到缓和，农村人口向城市的大规模转移也在70年代后期趋于停滞。特别是节能技术和替代石油技术的开发与利用，推动了产业结构不断节能化、高级化，使得整个经济"体质"得到提升。公害问题的解决以及生态环境的恢复不仅给产业界带来"外部经济"，也大大提高了国民生活质量。因此尽管1979年发生了第二次石油危机，但对日本经济并未造成很大冲击。

六 企业积极推行技术创新

企业的技术创新在经济转型过程中发挥了重要的作用，日本式企业创新独具特色。就演进路径而言，战后日本企业创新经历了对欧美模式的引进与学习、消化和吸收，最终走上自主创新为主的发展过程，这是一个动态的演进过程。就创新主体而言，由于缺乏美国式风险基金及其创业土壤，日本企业创新形成了大企业主导型创新特征。另外，从国家层面的创新体制来看，政府、大学及研究机构在企业创新过程中也发挥着重要支撑作用，即所谓"官产学研"相结合的创新特征。

（一）演进路径：从模仿创新到集成创新

在第二次世界大战期间，除战争破坏因素之外，走上法西斯道路的日本与欧美主要发达国家之间的技术交流中断，这条明治维新以来日本实现技术进步的重要通道受阻，这些因素使得日本在战后初期陷入了技术"孤岛"。在签署《旧金山协议》实现日美单独媾和之后，日本再次打开了获得技术进步之门。特别是在"冷战"爆发之后，美国改变了对日政策，随即爆发的朝鲜战争使日本赢得了大量引进美国技术的重要契机，这就是1954年签署的《日美相互安全保障法协定》（MSA协定）。

自此日本企业走上了从模仿创新向自主创新的发展之路。

首先是产品技术创新，这始于MSA协定的签署，一直到60年代中期，以美国为主，日本引进吸收了大量先进技术。从1965年开始，日本技术出口开始起步，1965

年为60亿日元,1975年达到670亿日元,增长了10倍。但技术进口也从600亿日元增长至2110亿日元,增长了3.5倍。从1950年开始到1965年,日本总共引进技术高达7404件(表6),就其内容而言,50年代集中在重化产业部门(钢铁、发电、煤炭、石油精炼等);60年代前期以新产品技术、新材料以及新设备图纸等为主;60年代后期转向了流通产业及其关联技术和二、三次产业加工技术。到70年代初期,日本结束了产品技术的模仿创新,步入了自主创新时代。以军工产品为例,1976年日本国产化采购率已经达到90%。

表6　　　　　战后日本引进技术高潮(1950—1965年)　　　(单位:件)

年度	1950—1959	1960	1961	1962	1963	1964	1965	合计
甲种	1022	327	320	328	584	500	472	3533
乙种	1303	261	281	429	573	541	486	3874
合计	2325	588	601	757	1137	1041	958	7404

注:甲种技术引进依据《外资法》审批项目;乙种技术引进是依据《外汇法》审批项目;从单项批准金额而言,甲种技术远大于乙种。

资料来源:《通商产业政策史》第1卷(总论),中国青年出版社1994年版,第388页。

其次是生产技术创新。同样也是50年代开始,日本企业开始从美国引进先进的生产管理技术，其标志就是1951年在日本设立了以美国管理大师名字命名的质量管理奖——爱德华戴明奖（Edward Deming Prize），该奖项被日本企业普遍奉为圭臬。日本政府也成为重要推动主体，从1951年开始就相继制定了钢铁、汽车、造船等领域的"合理化计划"，1952年颁布《企业合理化促进法》，积极推进企业实施生产管理革命。丰田等日本企业更是主动学习美国的生产管理方式，如1950年丰田就有三位总经理级高管分别率不同团队访美，在美期间合计达11个月之久。标准化作业、流水线生产、改善提案制度、企业内培训体制、质量管理体系等福特生产方式关键构成要素被成功导入日本企业。进入70年代，以丰田生产方式为代表的日本生产模式形成，它被称为继福特生产方式之后的第三代先进生产方式。

20世纪70年代中期开始，无论是产品技术还是生产技术，日本企业均进入到了一个崭新时代——以集成创新模式为主。这是一种新型创新模式，它覆盖了战略、技术、知识、组织等多个层面，其主体也体现了在企业之外，政府、大学、研究机构等共同参与的创新联盟。其典型案例是1976—1980年以通产省为主组织了6家企业与大学、研究机构共同研发当时最先进的1微米微电子技术。自此，跨产业创新产品成为日本集成创新的代表成果，如70年代日本的机电一体化技术、光机电一体化技术；80年代融合光学、通信、电子以及材料于一体的现代光纤通信技术等。70年代后期，日本与欧美之间的技术贸易不断扩大，尽管美国等发达国家仍是日本最重要的技术来源地（1978年美国占比64%），但日本也开始向美国及欧洲出口技术，以1978年为例，日本出口技术中10%是面向美国，另有15%面向欧洲。

从生产技术角度来看，20世纪70年代丰田公司所创建的精益生产方式①也让日本制造业曾风靡世界。为了研究日本这种高效率的生产组织方式，1985年美国麻省理工学院专门组织了一个庞大的研究团队——国际汽车计划（IMVP），该团队花费5年时间对比了日美欧汽车企业的生产效率。他们认为：汽车产业的生产体制经历了

---

① 精益生产方式（lean production）即称丰田生产方式，这是美国麻省理工学院所组织的国际汽车研究小组在对日本汽车产业的生产管理方式进行调查研究之后，对该生产方式所赋予的名称。在日本，一般对丰田公司所创造的独特生产方式直接称为丰田生产方式。

由手工生产（所谓流动性阶段）向福特式大量生产（专门化阶段），进而又向精益生产方式（所谓日本版的柔性大量生产方式）发展的历史过程。① 也就是说，产品多样性和生产工序的柔性化在最初手工式生产阶段程度是很高的，在第二阶段即专门化（福特式大量生产）阶段出现了暂时下降，而第三阶段柔性化和大量生产方式则双双提高。丰田生产方式正是第三阶段的代表，在认识汽车生产方式这一发展过程的基础上，欧美在20世纪90年代掀起了学习丰田生产方式的热潮。

（二）90年代之后欧美对日本的技术转移并未减少

根据目前掌握的情况和数据来看，90年代以后欧美对日本的技术转移并没有减少。笔者的观点是：80年代末90年代初期，日本在整体技术上实现了对欧美的赶超，进入自主创新阶段，但这并不意味着发达国家向日本技术转移的结束，而是由原来"单向"变成了"双向"，即从日本向欧美的技术转移不断扩大，其增幅赶超了从欧美发达国家向日本技术转移的速度。

如图15所示，从1991年至2010年的20年期间，日

---

① 詹姆斯·P. 沃麦克等：《改变世界的机器》（中译本），商务印书馆1999年版，第18—53页。

本从欧美的技术进口，除个别年份外，总体上并没有减少，而且技术输出明显；当然技术贸易总量还远远低于美国，也低于德国和英国，但高于法国和韩国。

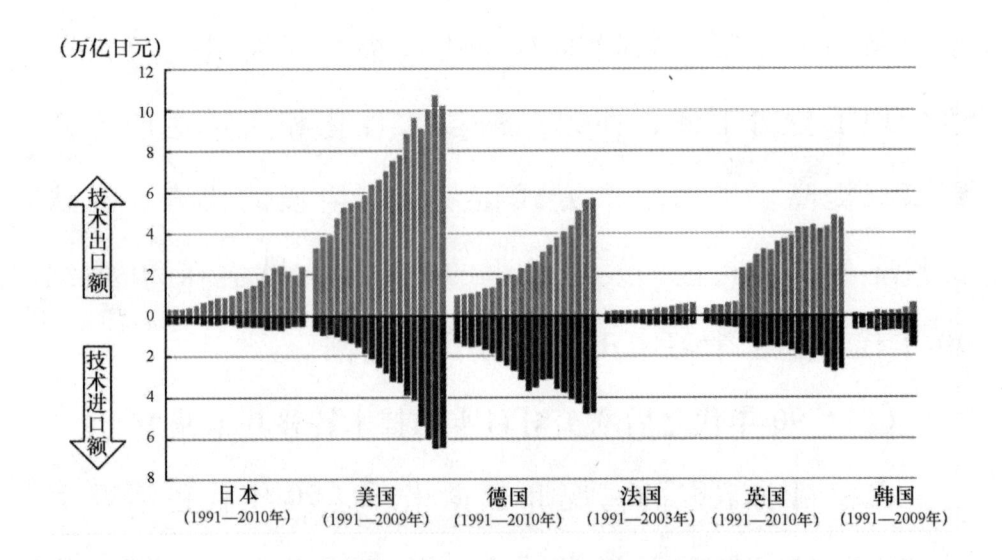

图 15　日、美、德、法等国技术贸易变化情况

资料来源：総務省統計局『科学技術研究調査報告』（2007 年）。

如图 16 所示，日本的技术优势从 1987 年开始逐步显现：1987 年超过英国（技术贸易收支比超过 1）；1997 年超过美国；1997 年超过法国，但 2000—2004 年对法国却低于 1；2002 年超过德国。当然，技术贸易收支比反映的是整体趋势，并不代表日本在所有技术上均具有优势。例如，2000—2004 年对法技术贸易之所以低于 1，可能是与核电技术和大飞机技术进口相关。

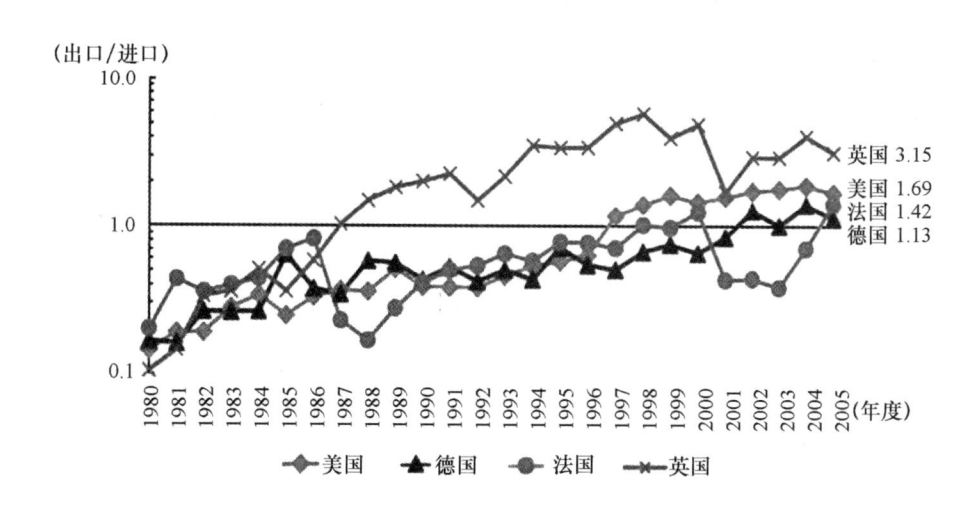

图 16　日本与主要发达国家贸易收支状况

资料来源：総務省統計局『科学技術研究調査報告』2007 年。

在衡量全球各国创新能力之际，有两大重要指标：一是该国论文发表数量及其转引率；二是该国所获得的专利数量。前者往往更倾向于技术的基础性研究，而后者则突出了应用型特征。就世界各国发表论文数量而言，美国一直位居首位，以 2010 年为例美国发表的论文数量已经突破了 30 万篇。90 年代中后期日本曾位居世界第二位，但近年已经被中国、德国和英国所赶超，已经位居第四位。然而，在全球专利申请数量方面，日本却一直遥遥领先。1995 年其专利申请数量已经突破 40 万件，是第二位美国的 2 倍以上（图 17）。2010 年日本所申请的专利数量为 46.2 万件，仍然大幅领先于第二位和第三位的美国（41.6 万件）和中国（30.7 万件）。[①] 论文与专利两项指标的差异恰恰体现出日本企业创新的突出特征——体现在应用领域的集成创新优势，而且承担着大量专利申请的恰恰是日本的大企业。

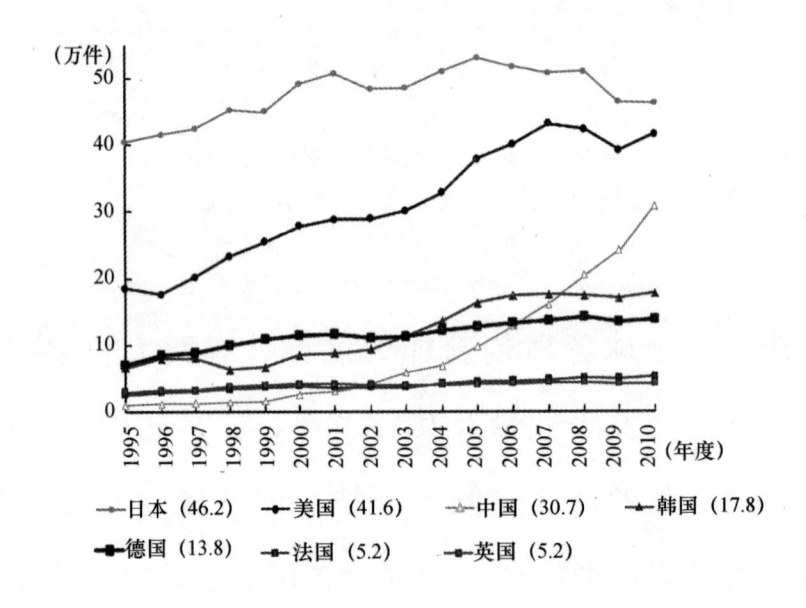

图 17 世界各国专利申请数量（1995—2010 年）
资料来源：『科学技術要覧』2012 年。

当今美国领先型大企业中，不乏小企业出身的技术

[①] 文部科学省『平成 25 年度版科学技術白書』、2013 年、第 50 页。

创业型企业，如IBM、戴尔、苹果等。由于缺少美国那种发达的风险投资环境，所以，在日本承担起技术创新重任的往往是那些大企业，松下、丰田、夏普、佳能、日立、索尼等一直是日本专利数量最多的大企业，2012年专利申请排名前十的大企业占比超过了10%。① 2014年世界知识产权组织（WIPO）所公布的2013年国际专利申请件数统计中，全球排名前十的企业中日本企业仍然占据3个席位：包括排名第一的松下电器，申请件数为2881件；另外夏普和丰田汽车也分别以1840件和1696件排名第六位和第八位。②

此外，技术贸易也是见证一国技术水平的主要指标。仅从技术贸易规模来看，如图15所示，日本要远远低于美国，甚至落后于德国和英国。但是若从技术贸易收支比（即技术出口额/技术进口额）来看，日本在2001年超过美国和英国而成为世界第一，这表明日本的技术出口要远大于其技术进口，到2010年该数值已经攀升至4.6。③

如今，日本在生产模式创新方面也有所突破。面对

---

① 経済産業省特許庁『特許行政年次報告書』、2013年、第47頁。
② 日经中文网，《中兴的国际专利申请数冠军宝座被松下夺走》[N/OL]，2014年3月14日。
③ 文部科学省『平成25年度版科学技術白書』、2013年、第52頁。

经济全球化带来全球新分工体系革命,特别是模块化浪潮席卷整个制造业,汽车产业出现以德国大众汽车主导的平台化战略取得国际竞争优势之际,丰田等日本企业再度在生产方式上实施创新。2012年丰田宣布实施TNGA(丰田新全球框架)新的产品开发计划,日产也推出了所谓CMF(Common Module Family)产品开发计划。在世界经济低迷、日本经济不振的大背景下,丰田汽车产量还能连续多年保持世界之首,这与其不断创新特别是不断推进生产方式创新不无关系。

七 加强海外直接投资,淘汰夕阳产业,减少贸易摩擦

日本从第二次世界大战前就开始进行海外直接投资,但其主要目的是对外经济侵略,随着战争结束,这些投资都化为乌有。战后初期也进行了一些投资,但在整个50年代和60年代投资规模都很小。大规模的直接投资还是开始于70年代以后的经济结构转型期。如图18所示,1970年对外直接投资迅速增加到9亿美元,1972年和1973年更分别猛增到23亿美元和34亿美元,考虑到1972年以前日本的对外直接投资并没有超过10亿美元的

年份，因此将这一年称为"对外直接投资元年"。

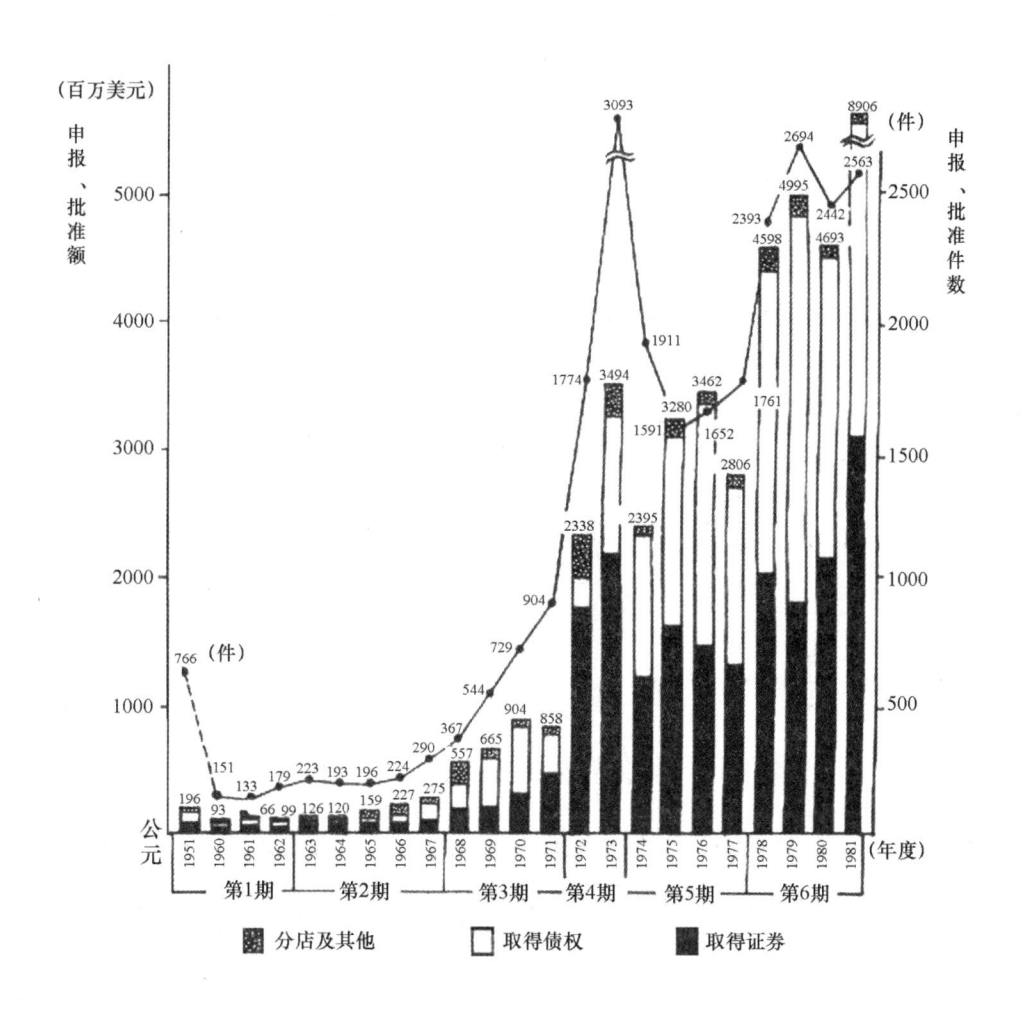

图 18　日本经济转型期对外直接投资情况

资料来源：《日本通商产业政策史》第 12 卷，中国青年出版社 1995 年版，第 236 页。

日本经济结构转型期的海外直接投资，最初主要是向国外转移纺织化纤、钢铁、有色金属、化工等夕阳产业和高能耗、高污染产业。此后逐步转向电子机械和汽车产业，这主要为缓解这一领域的贸易摩擦而实行当地生产。但无节制的大规模对外直接投资导致了国内产业的空心化，这一点在90年代以后表现得非常明显。

八 合理有效的补贴制度

在经济转型过程中，既需要企业自身的努力，同时也需要政府的保驾与支持，其中政府合理有效的补贴制度的作用不可忽视。与中国一样，日本政府也存在对企业的直接补贴，但是，企业自身认识到开发节能技术和创新（技术革新）对自身有好处，所以即使没有政府补贴也会自觉行动。日本政府是以政策引导为主，以补贴为辅。官民目标一致，共同合作才使政策目标得以顺利实现。日本的国有企业极少，基本上都是民间企业，而民间企业几乎不存在"等、靠、要"的思想。在整个经济活动中，市场的作用占主导，政府补贴只是起到了"起爆剂"和"润滑剂"的作用，会提高企业的创新能力，而不会扭曲企业行为。

（一）政府对节能、环保的补贴制度

1. 节能补贴

日本对节能的补贴体现在税收、金融和直接补贴三

个方面。与节能补贴相关的省厅（中央部委）有经济产业省、环境省；相关的公益机构和行业团体包括新能源产业技术综合开发机构（NEDO）、节能中心（ECCJ）、日本PL燃气团体协议会、都市燃气振兴中心等；金融机构包括日本开发银行（现日本政策投资银行）、日本中小企业金融公库（现日本政策金融公库）、住宅金融支援机构等。

在税收方面，主要是通过对法人税、所得税和固定资产税等税种的减税措施来实现；金融方面通过政府政策银行提供优惠贷款；直接补贴则是由政府首先根据相关法令拨付给NEDO、节能中心和行业团体等，再由这些机构根据各企业申报的节能技术开发项目直接补贴给企业。

日本对企业的节能补贴在不同历史时期有所侧重，而且各种优惠政策相互配套，以增强力度。比如说，在70年代的经济转型期，政府出台了针对产业的"对能源资源有效利用设备的特别折旧"、针对企业的"对节能设备的特别折旧制度"，规定购入节能设备第一年可特别折旧1/3。针对全社会的"能源对策促进税制"（现改为"能源供需结构改革投资促进税制"）、"节能设备固定资产税的征税标准特例"等。政府与央行还出台了针对大企业的"能源有效利用融资"、针对中小企业的"能源有效利用融资"。这些优惠政策,极大地推动了产业和企业进行节能技术改造,最典型的例子就是 70 年代各大钢铁企业纷纷引进连铸生产方式。转炉生产出来的钢水经过精炼炉精炼以后,需要将钢水铸造成不同类型、不同规格的钢坯。连铸生产方式就是将精炼后的钢水连续铸造成钢坯的生产工序,这种工艺与过去的传统工艺相比,避免了许多热量损失,大大节省了能源、资源和人工等成本。70 年代还制定了针对居民家庭住宅的"节能住宅增额融资"制度,后来修订为"住宅改良融资",同时在税制方面,制定了"住宅节能改修促进税制",这些措施有力地促进了住宅的节能化。

在直接补贴方面,主要有针对产业和运输业的"能源使用合理化支援补贴",针对民生的"促进利用住宅、建筑物高效率能源系统补贴",针对运输行业的"促进利用汽车燃料效率改善系统补贴",针对产业的"能源利用合理化特定设备等资金利息补贴金",针对地方政府的"区域节能普及促进对策费"等。

此外,1968 年日本政府对"工矿业重要技术研究开发补助金制度"进行了改革，改称为"重要技术研究开发补助金制度"。从 1972 年度起，把以往认为是重要技术的核心技术和重点技术划归为一般技术范围，在新的补助金制度中，又增加了特定公害防治技术和以防治生产过程的天然公害化为目标的封闭生产程序技术开发等课题作为特别补助对象。

日本上述节能补贴措施与法规，从审理申请书到发放资金、中间检查以及最后验收均有详细的规定。严密的法律法规以及企业的自律结合在一起，使政府的补贴制度效果得到很好的发挥。

2. 环保补贴

20 世纪 70 年代的经济转型期，环境污染和公害问题迫切需要得到及时解决，最为重要的举措是设立了"公害防治事业团"，该机构实际上是一个基金组织，由政府全额出资。该机构接受国家的拨款后，其中一部分用于直接实施公害治理项目，一部分为企业治理公害，如购置环保设备、治理公害研发项目等提供贷款。

另外，由于资金和技术等方面的原因，中小企业大多难以独立承担较高技术的治理公害的研究开发。因此，政府要求国立和公立的试验机构给予支持和配合。具体做法是由国家确立技术课题,在国立试验研究机构的指导下,由公立试验研究机构进行专题研究。研究经费由国家补助,开发研究的成果则可由中小企业利用。日本中央政府和地方政府均设有公立试验研究机构,免费为中小企业提供技术指导。

日本政府对环保企业的项目补贴比例基本为项目成本的50%,以使企业的环保产品能够和一般产品成本相当,并具有进入市场的价格合理性。日本对太阳能和风能开发技术进行了大量投入,如今已居世界领先水平。比如,为保证"新阳光计划"的顺利实施,日本政府每年要为该计划拨款570多亿日元,其中约362亿日元用于新能源技术开发。规定自1994年起,本国居民安装太阳能发电系统可获政府补贴,补贴额度接近50%。1997年至2004年,日本政府向用于住宅屋顶上的太阳能电池板安装工程投入了1230亿日元的辅助金,对新能源消费者(建筑物业所有者)、ESCO企业能源管理企业、出租企业进行直接补助,使太阳能电池板用户越来越多,由此收回了成本,拉低了市场价格。2006年,日本风力发电已占新能源发电总量的33%。再如在生物质能发电方面,日本政府每年给大阪市平野垃圾发电厂1亿日元

(约800万元人民币)的补助。畜禽养殖废弃物处理工程的建设费用由中央政府出1/2,地方政府出1/4,农场主只用出1/4。

日本在开发环保节能车方面补贴的力度也非常大。例如,三菱公司开发的一款电动汽车iMiEV,2013年夏在日本上市,预售价大约300万日元。但是,这个价格是政府补贴过后的价格。每辆车能从政府得到100万日元的补助金。也就是说,厂家在销售时,直接把价格降了100万日元,而每售出一辆车,由政府把这100万补贴给厂家。

(二) 政府对企业创新方面的补贴

日本是由国家直接提供各种补贴措施刺激科研机构和企业从事创新活动。日本的创新是在模仿的基础上创新,走的是一条模仿、吸收、消化、改进和自主创新的道路。日本在不同的创新阶段所进行的直接补贴或间接补贴的形式也稍有不同。

1. 不同时期的创新补贴

(1) 模仿阶段(第二次世界大战后至20世纪70年代初)

主要采取三种形式:即税收减免、政策性金融机构的低息贷款和政府的直接补贴。这三种形式实际上一直延续到现在,只不过是在不同的时期补贴的力度、具体的内容有所不同而已。

(2)吸收、消化和改进阶段(20世纪70年代至90年代)

这一阶段政府主要是充实和完善技术开发的补贴制度。例如,1968年设立"国际竞争能力促进制度";1972年设立"保护扶植产业制度",同时还设立了电子计算机等开发促进费补助金制度;次年又追加了集成电路的开发与信息处理产业的振兴对策;1976年设立了超大规模集成电路(超LSI)技术开发费补助金制度。1976年至1979年,超LSI技术开发项目实施了4年,资助补助金的总额约286亿日元,大约有1000项创新获得了专利。继超LSI开发项目之后,1979年度起,开始了电子计算机基本技术开发项目,这一项目在总额218亿日元的补助金资助下,到1983年共进行了5年。主要课题有:关于金刚石半导体化的研究(微电子学),关于高性能发光元件用金属化合物材料的开发研究(光电子学),关于阐明脑功能的基础技术的开发研究(生物电子学),关于高度利用公用网络获得化合物信息的研究(信息处理软件技术),大功率可变波长激光以及激光控制技术的研究（激光）等。

这一时期，日本还完善了促进技术研发的财政金融措施。1985年制定了间接的财政补贴制度，例如，促进基础技术开发和为中小企业提供技术基础的优惠政策。自1980年建立了一个面向中小企业研发活动的特别信用保证制度。到1980年为止创新活动的各种补贴金变动情况见表7。

表7　　　　　研究开发的各种补助金额变动情况　　　　（单位：亿日元）

年份	补贴金	税制上的优惠数额	低息贷款	总计(A)	研究费+引进技术等价支付额(B)	(A)/(B)(%)
1957	4	38		42	426	9.86
1958	8	61		69	498	13.86
1959	7	79		86	1179	7.29
1960	7	91		98	1586	6.18
1961	8	124		132	2054	6.43
1962	8	122		130	2208	5.89
1963	7	123		130	2557	5.08
1964	9	165		174	2998	5.80
1965	31	133		164	3120	5.26
1966	16	39		55	3618	1.52
1967	35	115		150	4656	3.22
1968	75	153	2	230	6366	3.61
1969	103	162	5	270	7603	3.55
1970	110	191	9	310	9784	3.17

续表

年份	补贴金	税制上的优惠数额	低息贷款	总计(A)	研究费+引进技术等价支付额(B)	(A)/(B)(%)
1971	185	215	12	412	10653	3.87
1972	210	128	10	348	12211	2.85
1973	271	243	13	527	14965	3.52
1974	236	310	17	563	17984	3.13
1975	298	330	19	647	18961	3.41
1976	295	220	20	535	21331	2.51
1977	275	290	16	581	23853	2.44
1978	239	250	17	506	25522	1.98
1979	301	340	24	665	29411	2.26
1980	608	380	22	1010	35190	2.87

资料来源：小宫隆太郎《日本的产业政策》（中译本），国际文化出版公司1988年版，第197页。

可以看出，日本政府对研发的补贴总额基本呈不断增加的趋势，直接补贴与税收方面的支持力度较大，而低息贷款的力度相对较小。至少在80年代以前，日本技术创新政策主要侧重于推动并积极扶持企业全面引进发达国家的先进科学技术并在改良的基础上实现产业化以提升技术创新能力。从这一点来看，日本战后的技术创新政策取得了极大的成功。

(3) 创新阶段（90年代以后）

这一时期日本为迎接21世纪的挑战，在科技战略定位、方针、政策等方面进行了调整和改革，以实现"高技术大国"的战略目标。这一阶段的主要补贴政策是：其一，继续采用信贷、税收优惠和政府补贴等手段鼓励和扶植技术的产业化。政府规定，民间企业研究开发高技术可获得低息贷款，如果研究开发成功，则按优惠条件还本付息；一旦失败，则按无息贷款还本。对研究开发电子、软件、生物工程和新材料等高技术产品的产业实行税收优惠和特别折旧制度并给予政府补贴。另外，90年代以来，基于美国SBIR（小企业技术创新研究）制度的成功经验，日本也开始推行支持中小企业技术创新的制度（即日本版的SBIR），对具有技术创新能力且经营独立的中小企业给予补助、提供研究经费或融资担保，促进创新型企业的兴起和技术创新活动的开展。

2. 日本创新补贴的特点

(1) 根据不同时期产业政策的变化调整补贴

战后初期，日本政府就实施了以振兴工矿业技术为主要目的的"工矿业重要技术研究开发补助金"制度。这项制度在60年代中期以前在促进企业加快预定研究开发活动方面发挥了重要的作用。1965年以前，接受"工矿业重要技术研究开发补助金"的研发项目的研究费占日本研究开发总支出的15%以上。1968年，日本政府推出重要技术研究开发补助金制度，重点对那些在产业政策相关的急需开发的重要技术以及对技术领域、产业领域产生重大影响的核心技术给予财政补助。这些研究开发项目的选择往往是与产业政策相联系的，并随着产业政策的调整而调整。如在70年代初期，资助的研究开发项目主要涉及自动化、节省劳动力的技术与新控制技术、电子计算机应用技术、集成电路技术、新半导体元件开发技术、高性能产业用机械技术等方面；1972年，政府将特定公害防治技术和以生产过程的无公害化为目标的封闭生产程序的技术开发纳入资助的项目范围；1974年、1975年又分别增加了能突破现有技术并能够成为新一代产业技术基础的新技术研究开发项目以及以能源的稳定供应、减少资源消费为目的的节省能源和节省资源型的技术开发项目。从1980年开始，又设立了为石油代替能源相关技术的实用化开发提供补助金的制度，旨在进一步降低对石油的依存度。在70年代以前，政府对研究开发的补助往往以缩小与先进国家的技术差距、提高本国的产业技术水平、提高技术创新能力为目标，补助的对象除考虑经济增长的需要和技术的体系化外，基本上不具有特定政策课题的效果。进入80年代后，随着日本技术水平的提高，一些公益性的和将成为今后产业发展动力的高新技术领域的研究开发，逐步成为政府财政补助的重点。

（2）产学官结合，官民并举

在进行大规模研究开发的多数主要国家，由政府负担的研究费大约为一半左右。而在日本，由于形成了产学官合作模式，政府约负担1/4，其余由民间负担。这种研究费的负担形态，以及研究费的流向，对研究活动的方向有很大影响。日本研究费流向的特点在于，民间、政府各部门内部的纵向流动性强，而各部门之间的转移较少。政府支出的研究开发费几乎都流向国立和公立研究机构与大学。1982年，在民间部门使用的研究费中，政府提供的资金不到2%，其余均为自筹资金。而在美国的民间部门研究开发费中，由联邦政府负担的部分达到30%以上。日本特有的研究费的负担及其流向的特点，对研究开发的效率和方向有重大影响。也就是说，由于这种原因，日本的研究开发对市场信号非常敏感。

研究开发的重点放在市场上迅速获得成效的项目上。这就是技术进步对经济增长贡献极大的原因。另一方面，社会性收益大而私人收益小的项目以及难于反映市场信号的项目，却出现了不容易分配到资源的偏向。此外，各部门几乎都自筹资金，各部门间很少转移研究费。这虽然有节省在依靠外部资金进行研究开发时对项目进行选择和管理使用的经费等长处，但也有各主体部门的研究开发内容重复以及都集中于相同领域等弊病。

第四章 日本经济结构转型的成果与教训

一 经济结构转型带来的成果

第一次石油危机之后,日本经济进入中速增长时期,但仍然远高于其他主要西方国家。由于经济规模已达到一定水平,即使是4%左右的中速增长,其绝对量也相当可观。通过经济结构转型,日本经济发生了重大的变化。

(一)经济结构趋于平衡、国际化程度提高

经济结构成功转型后,引导日本经济新增长的动力也发生了质的变化。其一是提高生活质量需求的呼声高涨,消费生活向服务化、软件化发展。其二是国际化。除了货物贸易以外,服务贸易以及人员的国际化流动也出现高潮。1980年对外汇管理法进行修订后,外汇原则上实行自由化,金融国际化也出现突破性进展。但是,在财政方面,由于第一次石油危机出现大量赤字,只能依靠发行国债充填,结果使国债余额大幅度上升。

(二)出口急剧扩大

随着日本经济实力的上升,国际竞争力不断提高,

70年代后期出现了"急风暴雨"式的扩大对外出口。如表8所示,1973—1985年期间,除1973年、1974年、1978年、1979年四年(即两次石油危机爆发的年份进口石油费用剧增导致净出口下降)外,其他大多数年份净出口对经济增长的贡献度在20%以上,其中有些年份在50%以上。外需的扩大在一定程度上弥补了资本、劳动力以及全要素生产率对经济增长贡献度下降带来的不足。为了应付石油危机,工会组织也采取合作态度,工资上涨率被控制在通货膨胀率以下,最终没形成因生产成本上升造成的恶性萧条,将石油危机可能带来的冲击降到最低限度。

表8　　　　经济增长与外需依赖度(1973—1985年)　　　　(单位:%)

年份	GDP增长率	净出口对经济增长的拉动	净出口对经济增长的贡献度
1973	7.90	-3.00	-37.97
1974	-1.40	1.20	-85.71
1975	2.70	1.90	70.37
1976	4.80	1.00	20.83
1977	5.30	0.90	16.98
1978	5.20	-0.90	-17.31
1979	5.30	-1.40	-26.42
1980	4.30	3.40	79.07

续表

年份	GDP 增长率	净出口对经济增长的拉动	净出口对经济增长的贡献度
1981	3.70	1.50	40.54
1982	3.10	0.30	9.68
1983	3.20	1.50	46.88
1984	5.10	1.30	25.49
1985	4.70	1.00	21.28
平均			38.35

资料来源：经济企画厅『国民经济计算』（各期）。

但是，80年代初期日本对美贸易盈余迅速扩大，特别是汽车大量出口美国对美国市场造成强烈冲击，日美之间爆发了激烈的贸易摩擦。1985年9月"广场协议"后，日元被迫升值，出口受到打击，但由于"逆J曲线效应"，日本的贸易盈余并没有减小，高峰时期居然达到GNP的4.5%。在美国的压力之下，日本被迫进行以扩大内需为目标的产业结构调整。

(三) 日本经济全面恢复，再造辉煌

石油危机以后，西方主要发达国家的经济都遭受了不同程度的打击，日本第一个从萧条中走出，特别是在美国和欧洲各国陷入长期"滞胀"泥潭的痛苦挣扎之时，唯有日本"一枝独秀"。1973—1985年期间，平均增长率为3.6%，1985年至1987年，尽管因日元大幅度升值，经济受到一定冲击，但1987年以后再次实现5%以上的中高速度增长（见表9）。到80年代中后期，日本的经济实力进一步增强，GDP总量接近美国的60%，人均GDP超过2万美元。产业结构无论是产值结构还是就业结构中第三产业的比重都超过了60%。日本经济无论从数量上还是从质量上都达到了"鼎盛时期"。"日本经营"成为世界企业推崇的楷模，日本经济再次成为世人瞩目的焦点。

表9　　　　　经济结构转型期日本经济主要指标变化　　　（单位:%）

		第一次石油危机				第二次石油危机				
		1973	1974	1975	1976	1979	1980	1981	1982	1985
日本	CPI	11.7	23.2	11.8	9.4	3.7	7.8	4.9	2.7	2.0
	名义工资增长率	21.4	27.1	14.8	12.5	5.9	6.3	5.4	4.2	3.5
	劳动分配率	45.6	49.1	53.6	53.8	55.2	52.7	55.2	55.2	
	实际GDP增长率	8.0	-1.2	3.1	4.0	5.5	2.8	3.2	3.2	5.1
	失业率	1.3	1.4	1.9	2.0	2.1	2.0	2.2	2.2	2.6
G6	实际GDP增长率	5.8	0.7	-1.5	5.0	3.7	0.6	1.5	-0.8	

注：(1) 劳动分配率 = 人工费／(人工费 + 营业利润 + 折旧 + 利息支付 × 折扣率)

(2) G6是指美国、英国、联邦德国、法国、加拿大、意大利

资料来源：经济企画厅『経済白書』各年版、大藏省『法人企業統計季報』各期。

二 值得反思的沉痛教训

日本经济转型时期，有很多成功的经验，但也积累了很多风险与教训，有些教训对日本90年代以后陷入经济低迷也有很大的影响。

（一）核电事业的过度发展，埋下隐患

70年代初，第一次石油危机爆发以后，日本为了减少对石油的依赖，实行了石油替代战略。仅从这一战略目标的实现情况来看，石油占一次能源的比重从1973年的75.5%下降到2011年的40%，应当说成果显著。日本最先想到的路径是开发太阳能发电、风力发电、潮汐发电以及生物质能发电等可再生能源，但由于新能源自身存在技术难以攻克、成本太高而且单位发电规模太小等弱点，很难普及，收效甚微。直到现在，日本一次能源结构中新能源仅占4%，在电力能源中的比重也只有2%左右，几乎没有起到替代石油的目的。

而真正发挥作用的是核电站。1973年日本只有两座核电站，而到2011年福岛核电站事故之前，已达到56座，核电占发电总量的30%。核电站的发展固然使日本

减少化石能源进口，满足经济发展所需的电力需求，甚至作为清洁能源也为日本的减排做出了贡献。但是，以日本特殊的地理环境和地震频发的地质条件，修建如此之多的核电站也给经济发展、国民生活甚至人民生命安全埋下了隐患。2011年东日本大地震、大海啸导致福岛核电站产生核泄漏，看似偶然，但也存在着必然性。这次事故导致两个机组报废，两个机组永远停机。造成巨大的直接经济损失和间接经济损失（如赔偿受害居民等）。不仅如此，由于国民的强烈反对，导致全国所有核电站在2013年7月后全部停机，也正因为国民的强烈反对，核电站迟迟不能重新开机，给核电企业、电力公司乃至整个日本经济造成巨大损失。

为了弥补核电缺失带来的电力缺口，日本不得不大量进口化石燃料，扩大火力发电。这样至少带来三个后果：第一，电价上涨；第二，贸易出现巨额逆差；第三，日本向国际社会承诺的减排目标落空。当然其更深刻的间接经济影响、社会影响还很难估量。

（二）对外直接投资的无限扩大导致国内产业空心化

一般而言，对外直接投资的动机因投资地区与产业的不同而有区别，但基本的原因不外乎开辟新的市场和保持既有市场、降低成本、扩大国际分工的范围、规避贸易摩擦等。日本的对外投资起步较晚，高速增长时期虽然也有一些对外直接投资，但规模很小。进入经济转型期以后日本的对外直接投资，出现了逐渐扩大的趋势，而且形成难以停止的对外投资惯性，导致了国内产业的空心化。

如图19所示，第一次大规模的对外直接投资发生在20世纪60年代末至70年代初期。当时日本对外投资的规模并不算大，最高年份也仅为9亿美元。当时的主要

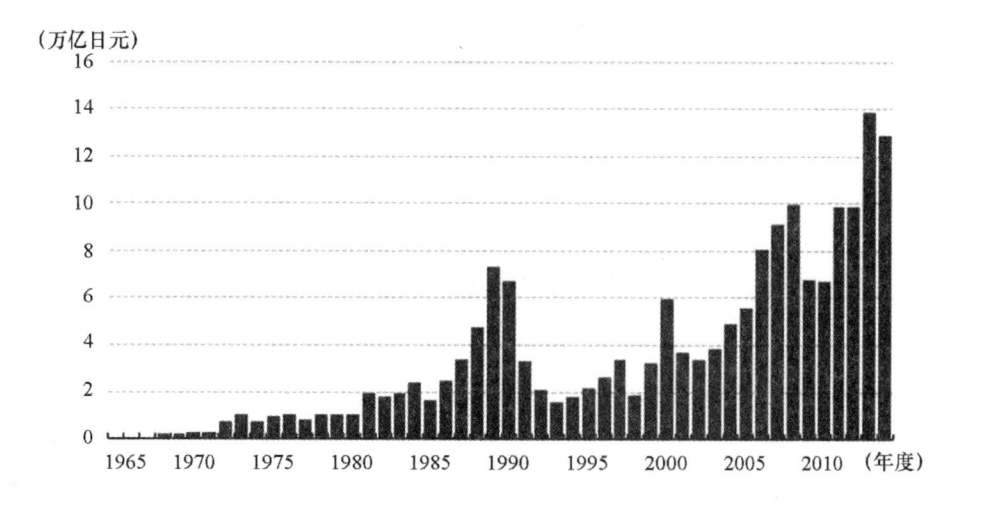

图19 日本对外直接投资长期变化

注：2014年度是到11月为止的年率换算值。

资料来源：根据财务省『对外及び对内直接投资状况』、『国际收支统计』数据整理。

目的是为了淘汰不具备国际竞争力的夕阳产业，在国内尽快确立资本密集型的高端钢铁、化工、汽车、机械等产业的主导地位。第一步是将处于劣势的轻纺工业等劳动密集型产业转移出去。转移的主要地区是"亚洲四小龙"地区。在70年代初期，"亚洲四小龙"已经进入经济起飞的轨道，具有低廉且高素质的劳动力资源，但缺乏资本和技术，日本对其直接投资带去的正是资本和相应的技术。双方各得其所，既促进了日本的产业结构优化，也带来了东亚地区的腾飞。

第二次大规模直接投资发生在1972年至80年代初期。第一次石油危机后，石油以及其他相关原材料涨价，迫使日本不得不改变以重化学工业为中心的产业结构，必须将资本密集型的高能耗、高污染产业，如化学、铁及铝精炼等夕阳产业转移出去，以确立技术密集型的电气机械、汽车、半导体等产业的主导地位。这些产业的直接投资仍然主要流向"亚洲四小龙"地区。这一时期，该地区劳动密集型产业的国际竞争力开始削弱，而一度作为幼稚产业加以保护的资本密集型产业，如钢铁、化学、造船等开始向主导产业方向发展，因此，它们积极承接日本的转移产业，并且将部分劳动密集型产业转移到东盟四国，以此促进产业结构升级。与此同时，日本的部分劳动密集型产业也转移到了东盟四国，由此在东亚形成了产业的梯次转移结构，即所谓"雁行模式"。

第三次大规模直接投资发生在1985年"广场协议"日元大幅升值后。1989年直接投资达到高峰的90339亿日元（约为654.6亿美元）以后，一路下降。这次转移的特征与前两次稍有不同。首先，转移的产业不再完全是丧失比较优势的劳动密集型、低附加值的资本密集型产业，汽车、电子等已经实现了技术标准化的资本密集型产业和部分技术密集型产业也加入了转移的行列。其次，转移的对象国不仅包括"亚洲四小龙"、东盟四国，而且包括美国等发达国家和中国内地等逐步走向市场开放的发展中国家。再次，转移的目的不仅仅是延续或增强产业的竞争力，而且是为了减轻贸易摩擦。事实上，日本以减轻贸易摩擦为目的的对外直接投资由来已久，有其自身发展的周期性。一般而言，每当贸易摩擦激化时，投向美国、欧洲等国家的对外直接投资就开始增加。贸易摩擦平息后，这种对外直接投资的力度也放缓。80年代中后期，是日美贸易摩擦的一个激化期，所以，这一时期日本对美直接投资的规模很大。

第四次大规模直接投资发生在1995—1999年。90年代初泡沫经济以后,日本经济进入长期萧条时期,对外直接投资总额一度陷入低谷,到1992年降至340亿美元,仅为1989年的52%,直到1995年才逐步恢复到500亿美元。受亚洲金融危机影响,1998年又有所下降,到1999年回升到680亿美元后又开始走低,2003年也仍然为350亿美元左右。1995年以后开始的新投资高潮中,向外转移的产业已经形成了全方位、多产业对外投资的态势。由于以中国为代表的东亚经济的崛起,对引进国外的直接投资的质量要求越来越高,加之欧美各国加大了对亚洲地区特别是对中国的投资力度,迫使日本不得不提高在亚洲地区直接投资的质量。因此,这一期间,在日本对亚洲地区的直接投资中,汽车、家电产业特别是高新技术产业大幅度增加。但是由于受亚洲金融危机等影响,对亚洲地区投资比重有所下降,而对美国和欧洲地区的投资明显增多。

第五次大规模对外直接投资出现在2011年以后,起因主要在于日本企业从国际金融危机中得到恢复,企业资金留存增加,特别是东日本大地震后国内投资对象减少,而且由于国内地震等自然灾害风险增大,加之日元急剧升值，企业掀起了新一轮的对外直接投资高潮，这次对外投资规模超过了泡沫经济时期。本次投资高潮的特点是对东盟、印度等国家的投资额猛增，而对华直接投资明显减少，投资领域也呈现多元化趋势。

从以上日本对外直接投资的历史可以看出，自70年代经济转型期以来，虽有一些间歇，但对外直接投资一浪高过一浪，而与此同时，由于日本国内市场的封闭性，接受外国企业对国内市场的投资并不积极，日本吸引外资与对外直接投资的比例一直在1:4左右（见图20），国内企业大量外流，而这些空缺又得不到填补，这样就导致

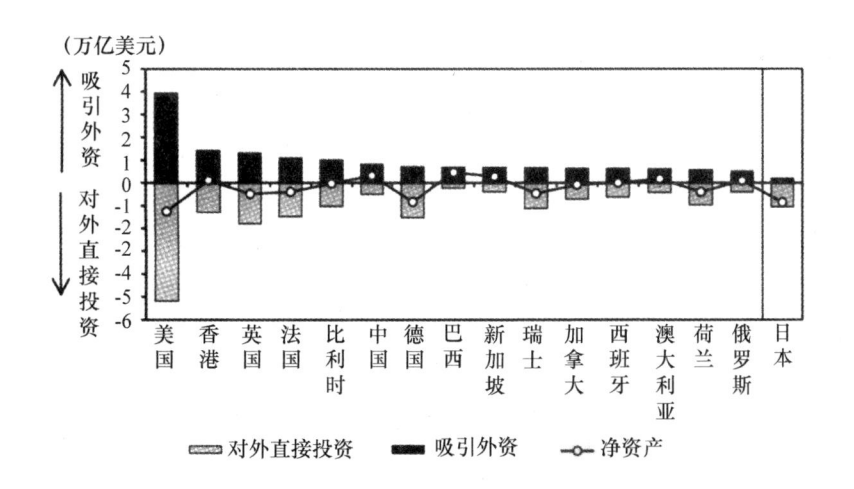

图20 各国吸引外资与对外直接投资余额（2012年年末）

资料来源：UNCTAD，World Investment Report 2013。

国内产业出现了严重的空心化。特别是90年代中期以来，国内产业空心化尤为突出，地方经济衰退，失业严重，地方财政难以维系，不仅如此，还造成了一系列国际影响。目前国内产业空心化已成为影响日本经济发展的主要制约因素之一。

（三）金融自由化带来的弊病

在研究日本陷入泡沫经济的原因时，有一个非常重要的原因往往被人们所忽略，那就是始于日本经济转型期的金融自由化。80年代中期日本陷入泡沫经济，当然是各种原因共同作用的结果，但金融自由化是其中重要的内在原因之一，可以说金融自由化是泡沫经济的前奏曲。我国目前也在搞金融自由化，对日本的教训应引以为戒。

日本发生泡沫经济，不仅仅是因为政府为了应对1986年日元升值萧条而采取了低利率政策和积极的财政政策等宏观环境原因。[①] 其实，与金融国际化交叉在一起

---

① 在中国学者中广泛存在着是因为广场协议以后日元升值引起了泡沫经济的误解。但实际上并不是日元升值产生了泡沫，而是因为日本政府对日元升值过度反应，而推行了超出实际需要的货币宽松和财政投资，营造了发生泡沫的宏观环境。

的金融自由化也为泡沫经济埋下了种子。始于 1979 年的金融自由化的主要内容是利率自由化、放宽金融机构业务范围、废除央行对民间银行的"窗口指导"、放宽"有担保原则"交易规则等。在金融自由化和国际化过程中，个人、企业、金融机构、金融监管部门以及国土计划部门等都没有充分认识到金融自由化和国际化可能带来的巨大冲击，各自采取了错误的行动，这些失误相叠加、积累，产生了巨大的相乘效应。

例如：（1）国土厅发表了"由于金融自由化、国际化的进展，东京将变成亚洲最大的国际金融中心，可能出现大量的写字楼不足"的预测，这种缺乏根据的预测助长了房地产的投资之风。（2）国土厅制定的全国综合开发计划，原本是以纠正东京一极集中为目的的，但是在第四次全国综合开发计划制定阶段，在政治主导下，内容被大幅度修改，将重点又转移到东京再开发方向，[①]这也使房地产开发再次升温。（3）以 NTT 股票上市为契机，出现了个人理财技术热，媒体接二连三地创刊与理财相关的专门杂志，煽起了一般百姓贪图财富迅速积累

[①] 当时的中曾根首相退回了第四次全国综合开发计划的原案，指示添加东京再开发的内容。

的侥幸心理。（4）企业不从银行贷款，而是根据市价发行增资从股票市场筹措资金，大幅度扩大设备投资，自身通过理财扩大了资金运作。①（5）在银行间竞争不断激化的基础上，企业"脱离银行"现象也愈演愈烈，纷纷陷入以当时被认为最安全的土地作担保的房地产开发融资的洪流。②（6）金融监管当局对适应金融自由化和国际化的新监管方法的开发以及对金融机构的破产处理制度建设也非常滞后。由于存在的上述各种各样的微观原因与宏观原因相叠加，所以才发生了巨大的泡沫。

为了使今后我国不发生泡沫经济，而且能在2020年之前取得金融体制改革、人民币国际化取得决定性成果，有必要在认真研究借鉴日本的经验的基础上慎重推进金融改革。

---

① 当时的企业，与销售部门相比，财务部门用理财技术获得利益的实例更多。

② 当时存在着房地产绝对值不会下降、将其作为担保绝对可靠的"土地神话"。

第五章 对我国的启示与建议

党的十八届三中全会通过的《关于全面深化改革若干重大问题的决定》和历年中央经济工作会议都明确提出和强调进行经济结构转型、大力调整产业结构、化解产能过剩、建设生态文明体系的战略目标。下面结合20世纪70年代日本的经验教训，谈一下若干启示及其建议：

一　在产业结构调整时应兼顾产业体系的完整和就业稳定

产业结构的调整并不等于完全淘汰"夕阳产业"和劳动密集型产业。从日本产业结构调整的经验来看：第一，对高能耗、高污染、低效率的产业毫不留情地进行淘汰和转移，但对更多的产业是升级改造，这样既实现了产业结构升级，又保证了产业体系的完整。第二，实现产业结构转型与稳定就业的统一。在促进产业结构的软化、高附加价值化的同时，选择汽车、家电等劳动密集型组装产业为主导产业，提高效益与扩大就业两不误。

直到1995年之前，日本失业率未曾超过3%。而扩大就业对我国来说具有特殊意义，在进行产业结构调整时，应借鉴日本经验，即使是钢铁、水泥、铝精炼等高能耗、高污染产业也不可轻言淘汰，而是应当加快这些传统产业优化升级，切实做好职工的分流与再就业。特别要注重发展汽车、家电、手机、半导体电子、机电、服务业等吸纳劳动能力较强的产业。

另外，在70年代中期至80年代中期，日本为了淘汰夕阳产业进行了大规模的海外投资，获得了巨大利益，但同时也削弱了国内产业实力，为后来的国内产业空心化埋下了伏笔。目前我国也在大力推行"走出去"战略，应当适当注意总量控制，平衡好与国内产业发展的关系，切莫重蹈日本的覆辙。

二 在化解产能过剩的同时强化创新能力

化解产能过剩是我国目前经济结构转型的重头戏，但不宜搞"一刀切"。70年代日本正处于以微电子技术为中心的技术革新时期，在缩小产能的过程中，并不只是单纯地淘汰和减量，而更注重降低单位产品成本，提高全要素生产率。这一时期企业投资很少用于量的外延扩大，主要是用于企业内部技术改造和固定资本的更新。1974年至1979年期间，虽然设备投资额有四年是下降的，但合理化和省力化投资比较活跃，创新能力得到提高。当时采用的新技术，如机器人、电子计算机等对降低单位产品原材料使用量和能耗、提高生产率水平都起到了重要作用。化解产能过剩的根本出路是创新，包括技术创新、产品创新、组织创新、商业模式创新、市场创新。在缩小高能耗、高污染和低效率的过剩产能的同时，还应当大力发展战略性新兴产业。

三 治理公害、节能环保并举

治理环境污染，特别是治理雾霾已成为我国的当务之急。事实上，前面提到的淘汰高能耗、高污染产业就是从源头上治理环境，今后也一定要坚持下去。70年代，日本公害治理的最大动力来自于居民环境意识的提高。当时妇女运动、市民运动在各地纷纷掀起，自下而上倒逼企业和政府治理公害和保护环境。而企业也在被动接受整治的过程中，尝到治理公害和提高产品节能标准和环境标准、开发环境友好型产品的甜头，变阻力为动力，如汽车产业、家电产业的节能产品跃居世界前列，极大地提高了国际竞争能力。

日本的一条重要经验就是把节约能源和提高能源利用效率置于重要位置。节能环境项目投资大、风险高、周期长，很难完全依靠市场规律运作。在开发节能技术和新能源技术时，采取政府、企业和大学三者联合的方式，共同攻关，例如"日光计划""月光计划"都收到了事半功倍的效果。我国对雾霾、水污染等影响面较大的环境治理也可借鉴日本的经验，成立国家级"公害治理专项攻关机构"，集中人力、财力，力争尽快解决问题。成立类似日本"公害防治事业团"的基金组织，直接承担雾霾治理以及生态环保大项目，同时也为民间的中小型节能环保项目提供低息或无息贷款。当然也可依靠市场诱导企业积极参与节能技术开发与新能源产品开发，国家在政策上予以扶植。

日本在推行石油替代战略、发展清洁能源时，选择了大力发展核电事业，然而却忽视了日本多震的地质条件和多灾的自然条件，其本质还是经济增长优先主义在作怪。东日本大地震后，福岛核电站发生核泄漏，这也许成为日本永远的痛。我国也应引以为戒，在发展核电方面应当慎重，以安全为第一要务，循序渐进，避免一哄而上。

日本在节能环保领域积累了丰富的经验，拥有一流的节能环保技术。尽管目前中日关系处于低谷，但不应妨碍两国在这一领域的合作。双方在这一领域的合作互补性强，而且具有共同利益。据日方报道，日本对加强同我国的节能环保合作积极性也比较高。倘若双方能在如治理雾霾等节能环保领域进行有效合作，也会对进一步改善中日关系大有益处。

张季风　男，1959年8月出生，吉林人，1999年获日本东北大学经济学博士学位。现为中国社会科学院日本研究所研究员，所长助理，全国日本经济学会秘书长。主要研究领域：日本经济、中日经济关系和区域经济。代表性作品有：《日本国土综合开发论》（专著，2004），《挣脱萧条：1990—2006年的日本经济》（专著，2006），《中日友好交流三十年（经济卷）》（主编，2008），《日本经济概论》（主编，2009），《日本能源文献选编：战略、计划、法律》（编译，2014），发表有关日本经济与中日经济关系论文100余篇。